覚醒の日米史観

捏造された正義、正当化された殺戮

渡辺惣樹
ジェイソン・モーガン

徳間書店

historical revisionism

渡辺惣樹
ジェイソン・モーガン

まえがき

アメリカの正体を知って日本は独立せよ

いつのころからか渡辺惣樹先生の書いた歴史書を何冊も愛読するようになりました。アメリカの大学でも教わらないような外交史や戦争史など先生の書籍から多く学んでいます。先生が歴史だけでなく、国際政治とか情勢分析に優れているのは、世界史に通じているからでしょう。過去と現在の事象が結びつくのです。

一方的な読者だった私が、先生から連絡をいただくとは思いもよらないことでした。私の存在を知っていたということにも驚きましたが、さらに驚いたのは、一緒に本を出さないかとの申し出です。一瞬自分でいいのかとの迷いも生じましたが、先生から直《じか》に学べるまたとない機会が天から降りてきたと思い、即時に承諾しました。それが大正解だったことは、こうしてできあがった一冊の本が証明しております。私が学んだ喜びを読者もまた感じていただけたなら幸いです。

私が学んだのはたとえば次のようなことです。私の研究活動のテーマのひとつはアメリカの「帝国化」ですが、先生との対話によりそれが悲劇であることを確信するに至りました。

古代ギリシャの悲劇において、主人公の終わりは宿命的です。どんなに工夫し、死力を尽くしても悲劇の主人公は、みずからの運命から逃がれられません。それが悲劇というものの基本です。

同様にアメリカの場合も、大英帝国から覇権を奪ったものの、結局その帝国を受け継ぐかたちで、みずから帝国化する悲劇を避けることができなかったのです。つまりアメリカの終わりは決定的です。歴史を俯瞰《ふかん》することでそれがよくわかりました。

しかし、南部の人間である私にとって、それは二重に悲劇です。なぜなら私がこの身と肌で感じる故郷の南部には、帝国化するアメリカ、北部の連中（ヤンキーのワシントン）に、戦争で敗れ蹂躙《じゅうりん》されたもうひとつの歴史があるからです。南部と北部では歴史の地面は一致していても、眺めがぜんぜん違う。南部にとって北部は外国だと言っていい。

その外国勢力に、南部の歴史のなかで育てられた私のアイデンティティは「彼らの歴史」により上書きされたのです。

アメリカが帝国であることを憂《うれ》える南部の人間がアメリカで育つことは歯痒《はがゆ》いものがあります。北部に対し恨《うら》んでいるかと問われればイエスと答えます。しかし歴史を取り戻せばそのような感情を抱くのは当然のことでしょう。渡辺先生と歴史を俯瞰するうちに彼我《ひが》の差の輪郭がハッキリしました。そして、日本も南部と同じ立場であるということを。

私がそのことに初めて気づいたのは、本文でも述べたとおり、敗戦後の一九五五年八月に来日して長野県で講演したアメリカの作家ウィリアム・フォークナーの、南部と日本は似ているという指摘に出会ってからです。ヤンキーの戦争のやり方が極めて残酷であることは、南部の人間のよく知るところですが、日本が受けた虐殺はその比ではありません。一八六〇年代は、まだ原爆も焼夷弾も存在しなかったからです。しかも、われわれ南部の人間にとっての戦いは侵略者であるヤンキーを追い出すためのものでしたが、日本はアジア人を搾取する白人を追い出すために立ち上がり敗れ去った。結果、自国をヤンキーに占領され、日本が掲げていた戦争の大義は歴史から葬《ほうむ》られました。

そのようなヤンキーに対し、マネーやポジションで育てられてきた日本の「親米派」は、ワシントンD.C.のど真ん中で「われわれはグローバル・パートナー」だと宣誓するまでに成り下がりました。私にとってそのような日本の堕落は、もしかすると北部の支配下におかれた南部以上に悔《くや》しいことかもしれません。

しかしいっそう悪いのは、そのように成り下がったことを日本人自身が悔しいとも思っていないことです。むしろ日本は嬉々《きき》としてアメリカ帝国の手駒《てごま》に成り下がったように見える。そうだとしたら、一人ひとりの日本人がこの貴重な毎日を常に最悪の選択で生きていることになります。自分で選んだのではなく選んでもらっている。これは隷属状態です。そのことにどうか気づいてほしい。

本気でワシントンから独立しようとすれば、日本は自由になれます。

もちろん、必死になって日本独立をヤンキー政府は潰《つぶ》しにかかるでしょう。当然覚悟が必要です。それでもいくつかのハードルを乗り越えられれば、日本はアメリカの束縛《そくばく》を振り切って自国の運命を自分で決められるようになります。日本と同じような立場におかれた南部の人間だからこそ、日本の行く末に対し楽観的になれるのです。

そうしようとしないのは、残酷《ざんこく》な、アメリカの本当の顔を知らないからでしょう。

ワシントンは、軍事侵攻で相手を叩き潰したあとに、あたかも「正義の戦い」であったかのように正当化した戦争観をつくりあげることで捏造《ねつぞう》の歴史、すなわち神話を紡いできました。悪いのは常に南部であり日本であり、北ベトナムであり、イラクであり、今はプーチンロシアなのです。そしてそれらの国は「遅れた国」であるがゆえに、民主主義をアメリカが教えてやったという上から目線の構図を描きます。

しかし日本人にわからないのはここからです。

なぜそのように偉《えら》そうな上から目線になれるのか。それはアメリカという国がイギリスから渡って来たピューリタンの精神によって支配された〝ピューリタン帝国〟だからです。

アメリカの「建国」は一八世紀の最後の四半世紀だとよく言われますが、ぜんぜん違います。アメリカは、人間が初めてアメリカ大陸の地を踏んだまさにそのときに「建国」されたのであり、当時の北アメリカ大陸は言語的、政治的、民族的にも実に多様性に富んでいたのです。その大陸に大西洋の反対側からピューリタンが押し寄せてきたことが、多様だったアメリカの終わりの始まりを意味しました。インディアンを虐殺《ぎゃくさつ》したのも、黒人奴隷の存在が長引いたのもそれが理由です。

アメリカは日本人が想像するような「キリスト教国家」ではありません。私はカトリックですが、ピューリタンなどのプロテスタントとはまったく別宗教です。日本の解説書に書いてあるような神父と牧師の違い、教会の有無では済まない。詳《くわ》しくは本文にあたってもらうとして、ここでは一口にいうとプロテスタントは観念的な概念の宗教であり、非常に排他的です。しかし、イエス・キリストがおつくりになったキリスト教は本来、寛容的な信仰です。

キリスト教がわからないと、そしてピューリタンがキリスト教精神をいかに捻《ね》じ曲げているかがわからないと、本当の「アメリカの正体」は見えてきません。敵の姿が見えなければ自分の姿も見えないのは道理です。日本の混迷は、アメリカの本質が見えていないことにあるのではないでしょうか。

ワシントンからすれば、ここに書かれた歴史の真実は「歴史修正主義（historical revisionism）」とのレッテルを貼らずには済まない内容です。だからこそ価値があると自負するものです。

アメリカは侵略した国に対して「自由」を与えたと恩を着せます。しかし、他人から与えられた自由に一片の価値もありません。自由とはみずからの手でつかみ取るものです。私は日本人がその自由をつかみ取れる民族であると信じて疑いません。

南部の人の自由、そして日本人の自由を取り戻したい。これが本書にこめた切なる想いです。

ジェイソン・モーガン

目次

第二章　世界史に混乱をまき散らす〝ピューリタン帝国〟

第三章 〝捏造神話〟の人工国家は歴史が弱点

第四章　ネオコン＋親米保守が日本を滅ぼす

第五章　日本人が知らない残酷な「ブラックビジネス」

第六章 ディープステート解体はローマの歴史を見習え

装丁／ヒキマタカシ
組版／キャップス
校閲／麦秋アートセンター
編集／佐藤春生

第一章

ふたつの敗戦国が暴いたアメリカの正体

テネシーから見えてくるアメリカと日本

モーガン　以前から渡辺先生の本は愛読しています。特に『日米衝突の根源』や『日米衝突の萌芽』（ともに草思社文庫）のシリーズは。ですから今回の対談はとても楽しみでした。光栄です。

渡辺　私はバンクーバーに四〇年住んでいても、形而上的対談を英語でするのは自信がない。その意味でモーガンさんの日本語はすごいと思います。

モーガン　いえ、ただ大学の研究室に閉じ籠《こも》っているだけです（笑）。

渡辺　モーガンさんはルイジアナ州、いわゆる南部のご出身ですね。日本でもそうですが、幕末明治以降は、権力を奪取した薩摩・長州藩の視点で歴史が描かれていることが多い。「薩長史観」と呼ばれるものです。しかし「賊軍」とされた江戸幕府や会津藩の視点から歴史を見れば、まったく違う史観になります。

靖国問題もA級戦犯の合祀を理由にアメリカや中国、韓国に配慮し首相は参拝をしない。日本の首相は自国兵の魂を慰霊せずに他国の兵を慰霊する。これこそが自虐史観に犯された国の象徴です。

南部から見たアメリカやアメリカ史も別の姿がありそうです。日本と米国南部諸州は「敗戦」という共通項があります。『閉された言語空間』（文春文庫）で有名な評論家の江藤淳は、南部に対して「敗戦国の悲哀」から非情なるシンパシーを書いてました。

ウィリアム・フォークナー
写真：Science Source/ アフロ

モーガン　ご存知のとおり、アメリカ南部出身でノーベル賞作家であるウィリアム・フォークナーが、日本の敗戦後の一九五五年八月に来日して長野県で講演しました。そして次のようなことを言ったというのですね。

「第二次大戦で負けた日本と、南北戦争で負けたアメリカ南部は似通った宿命を背負っており、そこからやりなおすしかない」と。それを知って私は目が覚める思いがしました。

確かに南部への攻撃と日米戦争での日本への攻撃は残虐非道ということで酷似しています。アメリカ北部の政府、ワシントン、ヤンキーのやり方は今に至るまで全然変わっていません。

渡辺　そういう意味において本書のはじまりをテネシーから眺めるのはいいかもしれません。

モーガン　確かにこの本の導入としてテネシーはいいかもしれませんね。だってテネシーの人たちは日本が大好きですから。スマーナには日産自動車の組み立て工場が、チャタヌーガには総合機械メーカーのコマツの工場がある。テネシー州に日本企業は、一六〇社以上あり、一〇〇億ドル以上の投資をして、州の雇用創造に貢献しています。もちろん多くの日本人も働いています（「Japan-Tennessee Guide」）。

日本に感謝している人たちがテネシーでは多数派です。高校と大学はテネシーでしたので、テネシー州の人々の日本に対する好意はよく知っています。

渡辺　「テネシーウイスキー」のジャックダニエルの工場はスマーナ近くにあります

オークリッジ核施設
写真：GRANGER.COM/ アフロ

が、日本でも人気です。ちなみにアメリカのウイスキーといえば真っ先にあがるバーボンウイスキーをつくっているのはケンタッキー州。

モーガン　それなのに、歴史的にテネシーと日本は必ずしも幸福な関係にありませんでした。テネシーには「オークリッジ核施設」があります。第二次世界大戦中の「マンハッタン計画」で建設されたロスアラモス国立研究所（ニューメキシコ州）、ハンフォード核施設（ワシントン州）と並ぶ三大拠点施設のひとつでした。広島に投下された原爆はウラン型でしたが、そのウランはここの工場で濃縮されました。

渡辺　ですから、今回の対談では南北戦争や原爆投下についても議論しましょう。
モーガン　宜しくお願いします。

南北戦争の実態を知らない知識人

渡辺　一九九五年前後のことですが、実は仕事でテネシーにある日産のスマーナ工場へ出入りしたことがあります。そしてチャタヌーガにも行きました。テネシー水族館という淡水魚に特化したすばらしい水族館を見学したのを覚えています。

テネシー州は水が豊富です。一九三三年に、米大統領フランクリン・ルーズベルトがニューディール政策の一環として、「テネシー川流域開発公社（TVA：Tennessee Valley Authority）」をつくった。

私はTVAで建設されたダム湖を見たときに、ある感慨がわきました。「ああここの水力発電で生まれた電力でウラン濃縮をやったのか」と。その意味で原爆はテネシーでつくられたと言ってもよい。

またこの辺りは南北戦争のさいには、一八六三年、テネシー軍とカンバーランド軍

チカマウガの戦い
写真：AP/アフロ

による「チカマウガの戦い」の戦場となった。

当時の私は仕事の合間を縫って、南北戦争の激戦地を訪ねていました。

モーガン　チャタヌーガは街じたいは大きくありませんが、重要な場所に位置しています。鉄道が多く、テネシー川も流れていて、南北戦争の時代も今も物流ハブです。

おそらく渡辺さんがごらんになったのはチカマウガダムではないかと思います。高校生の頃の私は、夏になるとそのダム湖でよく泳いで遊んでいました。ヌママムシと一緒に（笑）。

渡辺さんがいらした一九九五年頃なら、たぶん私は近くにいたと思います。確かにスマーナでサッカートーナメントに参加したこともあります。

渡辺　ジョージア州も近いですね。同州のアトランタは、『風と共に去りぬ』の作者であるマーガレット・ミッチェルが生まれ育った地ですね。南北戦争の悲哀がよくわかる地域です。

モーガン　そうです。悪名高きウィリアム・シャーマン将軍が、家屋敷や工場、農家、鉄道、橋そしてプランテーションまでことごとく破壊し尽くす焦土作戦を行った地です。『風と共に去りぬ』でも描写されています。

シャーマン将軍は一般民衆に対して非人道的な攻撃をしたのです。

渡辺　このときの北軍の攻撃の仕方は、その後のアメリカの戦争のやり方の原型といってもよい。

モーガン　北部のやり方はいつも同じで、まずとんでもない暴力を行使したあとで正義を語る。南北戦争の目的が奴隷解放というのは神話にすぎません。広島・長崎に原爆を投下したあとで、戦争を早く終わらせるためだったと衣をつけます。とんでもないことです。

渡辺　元国連（ＵＮ）大使で共和党大統領候補の座をトランプと最後まで争ったニッキー・ヘイリーが、ニューハンプシャー州バーリンの集会で、参加者から南北戦争の原因について問われ、「基本的に政府をどのように運営するか」、あるいは「自由、そして人々ができることとできないことにあった」と回答して民主共和両党からバッシングを受けました（二〇二三年一二月二八日）。「奴隷制」と即答できなかったことを問題視されているのですが、二重に間違っている（笑）。

しかしこれが実態なんですね。アメリカの知識人のレベルの低さは日本の知識人とほぼ同じかもっと悪い。とりわけ歴史をまったく知らない。

モーガン　アメリカのほうがレベルは低いです。

南北戦争の目的は「合衆国」反対派を叩き潰すため

モーガン　南北戦争というのはアメリカの歴史において、ワシントン絶対主義が最も色濃く出ている事件です。

当時の大統領であったアブラハム・リンカーンの発言を研究すると、奴隷制度についての関心はほんの少し。奴隷制度があろうとなかろうと、アメリカ合衆国の「一体化」を保つためには戦争をするしかないと頻繁に発言しています。

しかし南部からすれば、「合衆国」などまったく望んでおらず、アメリカの国家宗教ともいえる「自由」をアピールしながら、中央集権的な北部と縁を切って、より州に権限を委譲した連合国をつくりたかった。要は、連邦政府対州政府という構造でした。

しかし、北部の過激共和主義者たちにはそれが許せなかったのです。

彼らに言わせれば、北部こそが絶対的な善であり、それに背いた南部は悪という図式でした。あとで自分たちの絶対的な正義を強調するために、奴隷解放のために戦ったという神話を創出しました。現実はかなり違います。リンカーンの大統領就任は、南部に対しての「ハル・ノート」のような最後通牒だったと解釈できます。しかしそのことを理解しているアメリカ人はほとんどいません。

「奴隷解放」を喧伝する歴史家がアメリカでは大多数なのです。なぜなら、日本人が辛くも体験されているとおり、ワシントンは強靭なプロパガンダをつくるのが上手だからです。

もし南北戦争が奴隷の自由のための戦いであったなら、なぜリンカーンがその目標を達成した後もさらに戦争を拡大したのか。なぜ南部に勝ち目がなくなり、停戦を求める使節がリンカーン大統領の元に送られてきたのに、リンカーンはそれを無視したのか。説明がつきません。

要するに南北戦争の真の目的は、アメリカ合衆国を否定した南部の反乱者を徹底的に潰し、「無条件降伏」を呑《の》ませることだったのです。ちなみにあとで述べるように、無条件降伏の要求自体が、北部のピューリタン的発想から出てきたものです。

南部に無条件降伏を突き付けなかったグラント将軍

渡辺　確かに北軍の南部への攻撃は目に余るものがありましたが、なかには評価していい北軍の将軍もいました。
北軍を指揮したユリシーズ・グラント将軍です。グラント将軍率いる北軍に首都防衛ラインを突破され、南軍がリッチモンドの西およそ一二〇キロメートルにある鉄道

ユリシーズ・グラント将軍
写真：AP/ アフロ

駅アポマトックス近くまで撤退したときには、北軍の兵力一二万人に対して、南軍の兵力は二万五〇〇〇。まともに戦える兵士はわずか八〇〇〇という戦況でした。

しかし降伏を勧める交渉を開始したのは、勝利を確信したグラント将軍のほうで、南軍のロバート・E・リー将軍に次のような文章を送ります。

「南部連合司令官　R・E・リー将軍殿　先週の戦いで貴殿の率いる北部バージニア軍のこれ以上の抵抗は無意味であることはよく理解されていると思う。私の責務としてこれ以上の流血は避けるべきと考える。貴殿におかれてはすみやかに降伏を決断されるよう勧告するものである。一八六五年四月七日午後五時　U・S・グラント准将」

　このような騎士道にあふれた相手だからこそ「名誉ある降伏」が可能であるとリー将軍は考え降伏の決断ができたのです。

　ふたりの交渉により、グラント将軍は降伏した兵士は捕虜にすることなく武装解除が終わり次第故郷に戻すことを約束します。リー将軍が唯一出した降伏条件が、個人所有の軍馬を持つ兵士には馬とともに帰郷することを許してほしいというものでした。馬があれば故郷に戻って農作業することができるからです。これが認められた。要するに無条件降伏ではありませんでした。

モーガン　その側面もあったと思いますが、北部の情け容赦のない攻撃に苦しむ南部市民の惨状を見かねたリー将軍が、やむなく降伏したというのが大きかったのでしょう。

　グラント将軍の背後にいた連中は、騎士道の欠片《かけら》もないのが多くいました。グラント将軍自身も騎士道をよく演じていたと思いますが、本当のジェントルマンだとは思えません。

グラント将軍は日本の恩人

渡辺　このグラント将軍は日本にとっても恩人のひとりです。後年、一八七九年に八年の大統領職を全うしたグラント将軍が日本に訪れて明治天皇と会談をしています。その際、明治天皇がまずグラント将軍に求めた意見は、議会設立と選挙権付与の問題でした。

将軍は、政府が国民の代表で構成されたほうが強力で豊かな国になるのは間違いないが、その実現には時間をかけ、慎重に進めるようアドバイスしています。特に選挙権（suffrage）や代議制度下の有権者の権利（representation）の付与については注意を促しました。ひとたび制度の運用が始まると後戻りはできないから、初期の段階の議会には立法権限を持たせないことを勧めています。

要するにグラント将軍は民主主義の一番の弱点、国民がバカだと、あるいはずるいと民主主義は成り立たないことを見抜いていた。大日本帝国憲法が施行されたのは、それから約一〇年後の一八九〇年。その間、早期施行を求める自由民権派を明治の要路が抑えられたのはグラント将軍のアドバイスに負うところが大きい。

そういう意味では当時のアメリカのレベルは高かったと思います。

モーガン　確かにグラント将軍とリー将軍は敵ながらお互いにリスペクトしあっていました。軍事的名誉の意味を重んじる人たちで、このような人たちが歴史の舞台にはよく登場します。しかしグラント将軍が悲劇的なのは、彼らの信じる戦いの理由と、そのバックにある政府の思惑がいつも違うことです。つまり大きな政府づくりに加担し、最後は裏切られた。マッカーサーも同じ立場です。

グラント将軍というのは、オハイオ州で農業をやっていたごく一般的な素朴な人です。一方、リンカーンは無神論的なマルクス主義者でした。もしグラント将軍のような古き良きアメリカを代表する人間が大統領だったら、そもそも一八六一年に戦争は起こらなかったと思います。

グラント将軍の日本に対する態度も同様ですね。本人は友情で日本人と接していたのですが、自分の政府の人間が企んでいたことは、とうてい友情にあふれたものではありませんでした。

イギリスとの戦いだった

渡辺　リンカーンのためにひとつ擁護すると、南北戦争を見るさいに、アメリカの国内事情だけでなく、「イギリスの悪」というファクターを入れないといけません。

　私はタバコを吸うのですが、タバコひとつとってみても、当時のアメリカとイギリスの関係が見えてきます。要するに南北戦争の前は、タバコ栽培でバージニア州の一番良質な葉タバコをイギリスが独占的に買い占めていた。ブリティッシュアメリカンタバコ（ＢＡＴ）という巨大会社が葉タバコ生産を牛耳《ぎゅうじ》っていた。アメリカのメーカーはカスの葉タバコ、つまり不味い葉タバコをいかに美味しくするかを、考えなくてはならなかった。香料を使い試行錯誤したブレンド法が「アメリカンブレンド」。その典型的なブランドが、「ラッキーストライク」です。香料で味をごまかしたのです。

モーガン　タバコはもともとインディアンが使っていたハーブの一種で、今でも大西洋をまたぐ巨大なビジネスになっています。

渡辺　当時いち早く産業革命をなしとげたイギリスは、「世界の工場」として君臨していましたが、相互の関税を下げることで、相手国から安く原料を仕入れ、イギリスの工業製品を安価で輸出するという「自由貿易帝国主義」をとっていました。

一見、WinWinな関係に見えますが、工業化が遅れた相手国は農業などの第一次産業に閉じ込められ工業化が難しくなる。帝国主義的支配は低関税が要です。

イギリス型自由貿易帝国主義への抵抗という側面からはリンカーンは評価すべきでしょう。

グラント将軍も関税政策の重要性を理解しており、現に来日して明治天皇に謁見したさいに、民主主義の緩やかな適用に加えて、そのことを助言していました。

モーガン　奴隷解放のためと解釈される南北戦争が、実は南北の経済構造の違いから起こされたというのは渡辺さんもよくご存知だと思いますが、南部と北部ではイギリスとまったく違う関係を築いてました。

もともと南部はイギリスと近い貴族的な文化があり、北部と関係を結ぶよりも自然なことでした。南北戦争には北部がイギリスから南部を奪ったという側面があります。

南北分裂と合衆国のどちらがよかったのか？

渡辺　そこで議論が分かれるのは、ではアメリカにとって南部と北部が分裂したほうがよかったのか、それとも今のような合衆国という形のほうがいいのか、ということです。

モーガン　おっしゃるとおり、ここがポイントですが、私は前述したように前者の立場です。合衆国という革命理念で成立した帝国になるよりも、南部として独立していたほうがよかった。奴隷制を維持したままイギリスと交易し、キューバにサトウキビ栽培をさせ帝国主義的拡張を目指す。というのが当時の南部の指導者の考え方でした。

しかし一般の南部の人々が、そのような政策が自分たちの利益にならないと目覚めるのは、やはり時間の問題だったと思います。ですから、北部に言われるまでもなく、自然と奴隷制度を廃止していたはずです。

しかし歴史はそれを許さず、リンカーン的な理念が勝ち抜いた。その結果、南部は奴隷も非奴隷もみながワシントンの奴隷になってしまいました。南部の奴隷制度が、北部の産業的奴隷制度に合併させられたのです。

そしてその後はハワイを併合し、グアム、フィリピンを領有し、日本と戦うまで西へ西へと膨張をし続けました。そのことについては渡辺さんの『日米衝突の根源 1858-1908』に詳しく書かれています。しかし、そんなことは、リー将軍はもちろん、グラント将軍も望まなかったことです。それが私のいうグラント将軍の悲劇です。

渡辺　それでいくと、北米大陸は今の南米のような状態のほうがよかったということでしょうか。つまり、南米はスペインとポルトガルとの植民地としていくつかの国家に分かれています。同じように北米も英仏、ここにロシアも加わるかもしれませんが、それら宗主国の植民地国として小さく分かれていた可能性が高い。それでもよかったと。

モーガン　私は大陸がひとつの帝国としてまとめられているほうが不自然＝人工的だと思います。日本でも多数の少数民族を「漢民族」の下にひとつに束ねる中国の帝国主義的野心に批判の声があがります。アメリカ「帝国」も同様に無理がある。いかなる理由をつけようとも帝国には反対ですし、大きな政府も反対です。

英語を強要

渡辺　アメリカのエスタブリッシュメントのほとんどは英語、つまり母国語しか話せませんが、ヨーロッパの指導者は、たとえばハンガリーのオルバン・ヴィクトルにしても、アクセントは強くても英語をきちんと使っている。対してワシントンの指導者たちの外国語のレベルの低さは驚きます。

モーガン　帝国主義的文明には、よく単独言語主義が伴います。実際、アテネ、中華帝国、大英帝国などは、自分の言葉以外に外国語が話せる者は少なかったといわれています。ローマの指導者の一部はギリシャに憧れていて、ギリシャ語が話せたともいわれていますが、それは例外的でしょう。

アメリカの場合、こんなにワールドワイドだというのに、外国語がほとんど話せないのは恥ずかしいことです。もっとも恥とも思ってなくて、根底に帝国主義的志向があるからです。自分たちが世界ナンバーワンであり、言語は英語しか存在に値しないと心底考えているからでしょう。

しかし当のアメリカじたいはかなりの多言語社会です。

たとえば南部ではいまだにチェロキー語を話している人がいますし、私が生まれたニューオーリンズ近辺ではフランス語が主流です。ニューオーリンズといえば、先住民やフランス・スペイン系の人々、アフリカから来た奴隷などとの混血である「クレオール」文化ですから。言語的多様性があるのに、それを英語一色に塗り潰そうとしているのが北部の連中です。

とりわけアメリカン・インディアンのことが大嫌いで、言語も否定し、実際収容所にぶち込みました。

その典型例がチェロキー族の虐殺です。

チェロキー族は人口の多いアメリカン・インディアン民族のひとつで、農業に励み、自給自足の生活を送る比較的温和な民族で、北アメリカの東南部、現在のジョージア州と北・南カロライナ州の周辺を故郷としていました。しかし、ジョージア州議会の一部の人間たちはチェロキー族がずっと耕してきた土地を自分のものにするため、裁判を利用します。

アメリカ最高裁判所の裁判官であるジョーン・マーシャルは、チェロキー族が居住する地域をアメリカの「被保護国」であると見做《みな》します。つまりその関係は扶養者と被扶養者との関係であり、チェロキー族をみな子供扱いしたのです。

「日本人は一二歳」といったマッカーサーと同じ発想です。何が正しいか、何が利益になるのか、どのような道を進むべきか自分では判断できない民族だというわけです。

アメリカ帝国が版図を広げる常套手段です。

最終的に連邦政府はチェロキー族に対して、彼らが所有していた土地を奪い、ミシシッピ川の西側のインディアン準州（現オクラホマ州）に強制移住させました。

チェロキー族の一部がそれに抵抗すると、連邦政府は実力行使でチェロキー族を追い払います。そのときチェロキー族が通った道が「涙の道」。チェロキー語では「彼らが泣いた道」といいます。この「涙の道」では、子供や女性、老人を含む約四〇〇〇人が、自称「親」のアメリカ人によって殺されたのです。

日本人に対しても同様です。その点、英語史料をもとに書かれた『「日米合同委員会」の研究――謎の権力構造の正体に迫る』（吉田敏浩、創元社）が参考になります。

本書によると「日米合同委員会」という日本の超エリート官僚と在日米軍の軍人たちが毎月二度行う秘密の会議があるのですが、これを利用して米軍が「事実上の治外法権・特権を日本政府に認めさせるという一種の『権力構造』がつくられ、今日まで続いている」という。つまり、永田町を支配しているのはアメリカ人で、いまだに日本を属国扱いしている、ということです。

このような傲慢さはイギリス人以外はワシントンくらいではありませんか。外国に来ておりながら自国語を強要するのは。

渡辺　四〇年以上バンクーバーにいてなぜポリティカルイシューを英語で話すのが苦手なのかと、聞かれるのですが、こう答えています。「日本語を車にたとえるとフェラーリだが、その点、英語は自転車だ。フェラーリに乗っている人間が自転車に乗るのが苦手で当たり前だ」、と（笑）。私は英語は日本語より劣る言語だと確信しています。ロンドンにしばらく暮した夏目漱石もそう思ったはずです。

アメリカの土地はインディアンに返せ

渡辺　アメリカ憲法というのは相当に考え抜いた内容で、州権と連邦政府のバランスをそれなりに取っています。だからアメリカ憲法という理念の下に、政治家と国民がまともであれば、アメリカという国家は州と連邦政府の穏やかな共存は可能なはずなのです。

モーガン　おっしゃるとおり、憲法はよくできているのですが、問題は国体です。「コンスティテューション」という語にはふたつの意味があって、憲法または国体で、日本の場合は本来国体があったのですが、ワシントンの占領下に置かれ、それが日本国憲法にとって代えられてしまった。ですから憲法改正ができない今の日本は「フェイクジャパン」。しょせん憲法など紙くず同然の外国人が書いた妄想にすぎません。

それがアメリカの場合も、すべてが憲法の下に置かれていると思われています。南部のなかでさえさまざまな文化・文明があり、もともとインディアンという先住民がいるのに、憲法の下にひとつに融合させることじたいが無理矢理です。

私は非常にラディカルな考えを持っている要注意人物ですが、本音をいうと「アメリカはすべての土地をインディアンに返せ」と言いたい（笑）。

アメリカ合衆国憲法を崇拝する白人は憲法を持ってヨーロッパに帰ればいい。アメリカにあるのは、理想ではなく、古くからの土地でありそこに住む人間たちなのです。非常に皮肉的なことですが、アメリカを「建国」したと自慢していた白人たちは、一番アメリカのことをわかっていなかった人たちなのです。

渡辺　私もラディカルですがモーガンさんは私の先を行っていますね（笑）。

モーガン　もちろん、それでうまくいくかは別問題ですが。そもそも理念で巨大な国をまとめ上げるという実験はもう終わったのではないかと思います。

私は自分を白人と思ったこともなければ、アメリカ人ともあまり思っていない。自分はインディアンとの混血であり、ルイジアナの人間で、ワシントンが消えてもかまわないと思っています。それは、ごく普通の、ルイジアナ南部の沼地に住んでいる人々の常識でしょう。

国体のある日本、憲法しかないアメリカ

渡辺　国体と憲法についてですが、終戦のときにも、大混乱しかねないなか天皇陛下が玉音放送で直接国民に語りかけた。だからこそ、黙って国民は従ったのだけれども、これは法制度とはまったく関係のない次元が違う話です。国体という日本人の意識は論理やロジックでは決してつくれない。伝統の上でしかつくれないもので、同じものをアメリカに求めるのはとうてい不可能でしょうね。やはり二〇〇〇年以上の伝統の

なかで生まれたものは人工的にはつくりだせない。だから国王を殺した国というのは、フランスをはじめどこも苦労しています。

そういうありがたみを日本のいわゆる進歩的知識人はわかっていない。実に愚かなことです。

モーガン　天皇陛下がおられる日本のことが本当にうらやましいと思っています。

フランス人の知り合いがいうにはフランスにはまだ王室の子孫が残っているようで、フランス革命を否定して国王を復活させる道が残されている。ではアメリカ人としてはどうすればいいのか。

アメリカは王様を否定してできた国です。もちろんイギリスのチャールズ国王をうらやましいとは思いませんが、伝統という畑のなかで芽生えてくる「花」がアメリカ文明にはない。南部にはあるのです。タバコ文化がそれを代表して、インディアンとかイギリスの植民地とか、農家とか、そのような伝統があります。

ところがアメリカには戻るべき文明の故郷がない。それはとても致命的なことだと思います。南部にしても、今あげたいくつかの要素は、相容《あいい》れないものを含んでいます。たとえばインディアンとイギリスの植民地というのは、どう考えても対立的であり、困っています。

ですから私はむしろ日本は大丈夫と思います。でも、アメリカには結局論理や理念しかなくて、国民をまとめる伝統がありません。

渡辺　それでもアメリカは「国王のいない国」を前提として、すばらしい国をつくるために憲法という理念を掲げ、愛国者たちに支えられて二五〇年近く頑張ってきた。それなのにバイデン民主党政権の前にこんなに簡単に壊されるとなると何か寂しい気がしますね。

モーガン　南部からすれば悲しみよりも喜ぶ人のほうが多いでしょうね。あのような憲法は、私たちのものではない。逆にいえば、私たちがアメリカ人です。本当のアメリカ人は憲法などではなく、生まれ育ったこの土地が大好きで、この故郷を愛している。理念ではなく具体的な存在を愛しているのです。

憲法がアメリカを産んだなんて、順番が違います。親子が逆です。アメリカが憲法を産んだのであり、憲法よりアメリカがはるかに上。

私たちの国と呼べるのは、ルイジアナでありテネシーです。憲法で理念を押し通そうと無理やり国を継続させているのは、北部の考え方にすぎません。リンカーンという独裁者がその代表で、国＝理念だと捉えている。ヘーゲル的です。
渡辺さんと馬渕睦夫大使の対談でも話題にあがったプラトンがいう「哲人統治」が理想ですが、現実世界にはそのような政治形態は存在しない。アメリカのエリートは哲学者などではなく泥棒だと思っています。だから一刻も早く出て行ってほしい。それが正直なところです。

渡辺　理念でコントロールできない、国王はいない、二〇〇〇年の伝統もない、となると分裂しかなくなっちゃいますね。

モーガン　そうです。繰り返しますがインディアンに戻せばいい。インディアンが本当のアメリカです。統計をとったわけではありませんが、インディアンの血を受け継いでいる人は多いと思います。ワシントンが建国する以前にこの大陸には長い歴史がありました。スペイン人やフランス人、イギリス人がやって来て植民地にされた凄惨な時代もありました。
それは歴史の事実として受け入れたうえで、インディアンの文化・文明に帰るしかない。チェロキー族は農業をやって暮らしていた。考え方も今の白人とほぼ変わらない人々だったでしょう。

ワシントンは恐ろしい。理念のために広島・長崎に原爆を投下し、理念のためにフィリピンで大虐殺し、理念ためにイラクを破壊した。民主主義と自由の名の下に。理念は恐ろしいというのが南部の常識です。

渡辺　モーガンさんの考えとしてはよくわかるのですが、それでは国は守れないのではありませんか。

モーガン　国は守れないかもしれませんが、州を守ることはできます。南北戦争のときのように戦えばいいのです。アメリカの場合、国家と州が正反対の立場。ですから国ばかり守っていると、州が消える。正直なところ、国はどうでもいい。国がどうでもいいからこそ、アメリカ人はわざわざ他人の国に干渉しているではないでしょうか。

一九二〇年か三〇年くらいのものですが、バージニア州に住む南北戦争の元兵士へのインタビューの録音があります。すでにお年寄りの方ですが、あなたはなぜ戦ったのかと訊《き》いた。すると元兵士は、「奴らが州のなかに入ってきたからだ」と答えた。これです。理念のためではないのです。

第二章

世界史に混乱をまき散らす〝ピューリタン帝国〟

カトリックとプロテスタントはまったく違う

渡辺　モーガンさんはカトリックですよね。私もそうですが、多くの読者はキリスト教について詳しくないので、カトリックとプロテスタントの違いや、キリスト教国としてのアメリカの歴史や実態など教えていただけますでしょうか。

モーガン　承知しました。

よくアメリカ合衆国は「クリスチャンの国」だといわれますが、私は日本に来てはじめてそのことを知った、と言いたくなるくらい現代のアメリカ人の信仰心は希薄です（笑）。どの国でも大都市に行くと信仰心が希薄になる傾向があるし、アメリカの中部や南部の小さな町や村でさえも、日曜の朝にまめに教会へ通うような熱心なクリスチャンの姿が減っています。

ただし、アメリカ人のクリスチャンとしての信仰が希薄だとしても、合衆国を支配するワシントンの連中の宗教的ルーツにキリスト教の影響があるのは間違いありません。キリスト教というと語弊があるので、正しくは「プロテスタント」であり、なかでもごく少数派で極めて排他的な宗派である「ピューリタン（清教徒）」です。

もともとイエス様がおつくりになった教会は、非常に寛容的な場所でした。人々の性別や民族を超え、男でも女でも、ユダヤ人でもギリシャ人でも、将軍でも奴隷でも、分け隔てなく、イエス様の復活を信じて秘跡（洗礼、堅信、聖体、許し、病者の塗油、叙階、婚姻の秘跡）を受ければ救われるという宗教でした。

たとえばカトリックであるルイジアナの人間は、われわれはみな「つみびと」だと思っているので、人に自分の考えや理念を押し付けたりしようとする発想がありません。

一方テネシーに住むプロテスタントは日曜日に禁酒する決まりで、店でもお酒を販売しません。ところが実際はみな飲酒しています。つまり、自分の罪を自分から隠すというのがプロテスタントなのではないかと思うほどです（笑）。

しかしカトリックは、人間はお酒を飲んで、タバコを吸う存在であって、人間というのは決して潔癖ではないと考えます。潔癖性を求めるプロテスタントの人たちは私からすれば二元というより半分ロボットのような得体のしれないものに見える。潔癖さを求めながら罪を犯し、罪を犯せば犯すほどさらに潔癖さを求める、といったとめどもない悪循環に陥っている。

本来のキリスト教は人々が自分の罪を認めて、懺悔すれば許されるというものです。罪とは人間本来の共通の〝敵〟であって、言葉、習慣、文化などは基本的に不問であることがキリスト教のそもそもの考え方だからです。

諸悪の元凶はイギリスのピューリタン

モーガン　ところが、他国にアメリカのやり方を押し付ける「アメリカ例外主義」に端的に表れているように、歴史を遡《さかのぼ》れば排外的なのはピューリタンの一揆から始まっていることがわかります。私は以前拙著『アメリカはなぜ日本を見下すのか？――間違いだらけの「対日歴史観」を正す』（ワニブックスＰＬＵＳ新書）で詳述しましたが、それを簡単に紹介します。

ピューリタンの残虐な排他性を説明するためには、イギリス王国から話を始める必要があります。

イギリスにプロテスタントを導入したのはヘンリー八世（１４９１〜１５４７）でした。ヘンリー王は神学の才能があり、カトリックの教えを理解していましたが、欲深く女色に弱いという欠点があった。カトリックは離婚が厳しく禁止されていますが、ヘンリー王はどうしても自分の妻と別れ、違う女性と結婚したかった。そこで聖書にある細かい律法を守るという誓いを立て、ローマ教皇に粘り強く嘆願しました。それでも認められなかった。そこでヘンリー王は教会を分裂させて、カトリック神父と司教を殺してしまったのです。

以来、国家統治者を首長とするイングランド教会が生まれ、カトリックの教えを広めることは犯罪と見做され、多くの信者が殺されました。

要するに、プロテスタントがイギリスの国教になった歴史そのものが排他的だったのです。そして不純だった。イングランド教会をコントロールするのはただの人間の意志、つまり政治で決まり、本来の信仰から離れたため安定性を失います。実際、イングランド教会は次から次へと分裂して、時間が経つにつれ秩序がなくなっていきました。

ピューリタンという一派が現れたのもその過程なのです。成り立ちを考えれば自然な流れでしょう。

ピューリタンは革命を通して根本的な改革を試みましたが、それは排他的なイングランド教会からしても「過激」なものだった。そのため、王権べったりのイングランド教会がピューリタンを迫害するようになります。迫害されたピューリタンは大西洋を渡り、アメリカ大陸に逃げ込んだ。その最初がメイフラワー号だったのです。

したがって、「アメリカ建国の父たち」がアメリカに渡ったのは、アメリカ大陸の原住民に福音を持っていくためなどではなく、自分の身を守るための「亡命」にすぎませんでした。

自分たちが絶対に正しいと思い込んでいる宗教的テロ組織＝ピューリタンは北部の遺伝子そのものです。ピューリタンがわかれば、今のワシントンがよくわかるわけです。

アメリカでプロテスタントの分裂が加速

モーガン　アメリカ大陸に渡ったプロテスタントはさらに不安定な宗派となります。単なる一派だったピューリタンの群れが、さらに分裂し始めたのです。

たとえばピューリタンの弁護士であるジョン・ウィンスロップはライバルであった

ジョン・ウィンスロップ
写真：Science Source/アフロ

ロジャー・ウィリアムズをマサチューセッツ湾植民地から追い出します。そして追い出されたウィリアムズは、新たにロードアイランドを植民地としたのです。

このようにプロテスタント同士なのにお互いに宗教の自由を与えなかったために、アメリカは州が多い。

ウィンスロップがいかに排他的な考え方の持ち主かは、彼が船上で行った「丘の上の町（正式には「キリスト教の愛の模範」）」の説教によく表れています。

彼によれば、彼らピューリタンは神と契約を交わした民であり、丘の上の輝く町のように世界は彼らを模範として見ているといいます。そのためには仲良く暮らしているように「見せる」ことが重要である、と。かくも啓蒙的で自己中心的な考え方ですが、アメリカの歴史では名演説として知られているのです。

しかもこの演説は、驚くべきことにアメリカ大陸に住むアメリカン・インディアンについて一切触れていません。自分たちこそが神に選ばれた民であり、自分たちが理想的な社会をつくるのだと主張するだけです。

マテオ・リッチ
写真：Universal Images Group/アフロ

しかしカトリック宣教師には、「他人の考え方はすべて間違っており、自分の考え方はすべて正しい」という排他的で啓蒙的な上から目線の発想はありません。

カトリックのイエズス会の宣教師であったマテオ・リッチは一六世紀に中国へ渡りましたが、福音を分かち合いながら中国の言葉と文化を必死に勉強した人物です。彼は三〇年近くの時間を費やし難解な儒教の古典文学を制覇しました。儒教のなかにも神様の真相が宿っていると信じたからです。

もちろん自分の宗教が正しいと思ってはいても、他者の文化、文明、宗教、言語などを評価し、尊敬もしていました。「自分の宗教が正しい、だから自分自身も正しい」という思い上がりもなかった。

ちなみに、現在日本に来ている宣教師は、宗教を教えているか英会話を教えているか、それとも両方を教えているか。非常に微妙なところのある人が多い気がします。まず日本語を学んで相手の文化を尊敬する、というのではなく、すべて上の立場からくるわけです。典型的なプロテスタントのやり方です。

日本における宣教師の功罪

モーガン　イエズス会は日本においても一定の成果をあげております。

たとえば、洗礼を受けて誠実なカトリック信者になった戦国大名のユスト高山右近などを生んでいる。

もちろん負の側面もありました。当時のイエズス会の神父たちは、戦国大名や武将、商人と関わりを持ち、日本の政治状況がよくわからなかったにもかかわらず干渉したからです。

また、イエズス会がポルトガル人とともに、日本人を含む人身売買などに携わっていたという可能性もあります。

渡辺　イエズス会は大きな成果をあげていたし、少なくとも初期の頃は政治に対しても慎重な態度を示していました。途中からスペインのフランシスコ修道院などとカトリック同士内輪もめをしたり、日本人を煽動して他派を攻撃させたりもします。むしろ真摯にキリスト教を信じるようになった日本人信者が宣教師たちの争いを収めようとしたり、本末転倒なことが起きた。

あげくの果てに、あとから来た宣教師たちは、日本の領主をまったく敬わず、まるで自分が領主であるといわんばかりの大柄な態度をとり始めました。日本の領主たちが妾《めかけ》を何人も抱えていることを公然と非難したり、また、キリスト教の教えを信じなければ永遠に地獄で苦しむといって、仏教の僧侶を侮辱し、信者を使って、仏像や寺を破壊させたのです。

モーガン　それはそうですね。日本国内にいるカトリックの知り合いも、日本文化に対して同じような態度をとっていて、嫌です。自分が神様だと勘違いするのは、カトリック・プロテスタント問わず、キリスト教に一貫する問題かもしれません。

同様に日本に開国を要求したアメリカのマシュー・カルブレイス・ペリーの態度も傲岸でした。彼は「日本」を学ぶために必死に日本語を勉強して、古典を学んだこともありません。

そのペリーは今でもアメリカでは英雄として教えられているのです。

渡辺　ただペリーは、日本通で「日本開国提案書」を提出したアーロン・パーマー（1778〔あるいは1779〕～1863）という人物から一八四九年からペリーがノーフォークの港を出る一八五二年の間に、何度も日本やアジアの知識をレクチャーされていました。ちなみにパーマーは法律家であり、ネイサン・メイヤー・ロスチャイルド&サンズのアメリカエージェントです。このパーマーとペリーの娘婿になったベルモントはともにロスチャイルドのエージェントとして仕事仲間でもあります。

ロスチャイルドというとすぐ陰謀論かといわれますが、私たちの歴史に深い関わりがある。日本開国にふたりのロスチャイルドのエージェントが関わっているのは興味深い。

「マニフェストディスティニー」の正体

モーガン　はじめてアメリカ大陸に渡ってきたイギリス人は、まだ人種差別主義者ではありませんでした。人種差別主義が表立ってできたのは奴隷制度が入って以降のことです。すでにアフリカではアフリカ人同士やアラブ人などの奴隷制度があって、たまたまアフリカに入ったヨーロッパ人が、人手不足に悩んでいたアメリカに大西洋を渡って奴隷を輸出するようになったのです。

なぜ人手不足かというと、ヨーロッパ人が米大陸に持ち込んだ天然痘に対し、先住インディアンには免疫がなかったため、大勢の人が死んだからです。あと、ヨーロッパ人が、現地の人々を奴隷として、想像を絶するほど過酷な状況で労働を強いたことも大きな原因です。それで大勢の人々が過労死した。

以来、アフリカ人、つまり「黒人＝社会の一番底辺の人」だという人種差別が始まります。

加えて、聖書に奴隷制度が言及されていることから、奴隷を持っていいと勝手に正当化したアメリカ人が多かったことも人種差別に拍車をかけました。

くりかえしますが、カトリックである私からすると、カトリックとプロテスタントはまったく違う宗教だと思います。カトリックというのはキリストさまの血と身体の宗教です。文字どおり本当に血を飲んで救われるという宗教で、プロテスタントのような聖書主義ではなく聖書じたいほとんど読まない人も多いし、概念をもてあそぶこともありません。

ところが聖書の解釈にうつつを抜かすプロテスタントはもともと概念的で哲学者のようだったのですが、アメリカ大陸に入ってから変貌し、キリスト教ではなく白人至上主義になった。非常に複雑な過程で、住民的植民地主義（settler colonialism）も大きな要因ですが、結局のところ、聖書が私たち白人のやっていることを裏付けるという考え方、それが「マニフェストディスティニー」です。

彼らは世界にキリスト教のすばらしさを伝えなければならないといいます。しかし実のところ、それは白人至上主義なのです。

植民地経営にしても、カトリックのフランスと比べれば、その差は一目瞭然です。フランスは支配する植民地の人々を少なくともイギリスよりは認めていました。イギリスのインド統治は、インドの人々を自分たちイギリス人と対等に見るなど考えられなかったのです（ただしフランスがアルジェリアでとった植民地政策はまるでイギリスのようであったことは事実ですが）。

そのような似非キリスト教など、われわれニューオーリンズの人間にはまったく理解できないことです。ニューオーリンズの人間の多くが混血で、黒人も白人もひとりの人間にすぎない。われわれ人間はどうしようもない存在、つまり等しく「つみびと」ですが、キリストの血を飲むことにより救われる。カトリックというのはそういう教えです。

概念など必要としていないし、このようなカトリックの教えを概念で伝えることもできない。信仰そのものです。

「つみびと」にすぎない人間がどうしてマニフェストディスティニーといって他者に概念を押し付けたり、あるいは概念を理由に人を殺すことができるのか。私には北部の連中を理解することがまったくできません。

同じインド・ヨーロッパ語族を虐殺するイギリス

渡辺　ありがとうございます。カトリックとプロテスタントの違い、アメリカ外交がピューリタンの影響の下行われていることがよくわかりました。

特にマニフェストディスティニーがキリスト教の啓蒙ではなく白人至上主義という指摘は新鮮でした。

モーガン　白人至上主義に関連することで、もう二〇年くらい前になりますが、インド・ヨーロッパ語族を勉強していたことがあります。文化や言語のつながりにすっかりはまってしまったのですが、今のお話と関連すると思います。

その名のとおり、インドからヨーロッパにかけて広がる多様な言語を包括する語族であり、英語、ドイツ語、フランス語、ロシア語や、インドのヒンディー語やイランの言葉であるファールシー語もこの語族に含まれます。

語族としては、ゲルマン語派（英語、ドイツ語など）、ロマンス語派（フランス語やスペイン語など）、スラヴ語派（ロシア語やポーランド語など）、インド語派（ヒンディー語、ベンガル語など）、ケルト語派（ゲーリック語、ブリタニック諸語など）などを包括する。したがって、英語とヒンディー語など一見違うように見える言語も根が同じ。それが面白い。語源を辿ると共通の祖語がある。

つまり、欧米はアジアを植民地支配しましたが、言語的には根っこでつながっている。それなのにインドでイギリスは白人至上主義で、インド人たちを人間扱いせず弾圧しました。これが英米支配層の十年一日の変わらぬ姿です。

ワシントンと中国は似ている

モーガン　中国はインド・ヨーロッパ語族ではありませんが、残虐さという点で異様に似ています。ですから中国史を勉強すると、すっと理解できるのです。

中国の中華思想はワシントンに似ています。

アメリカにとっての憲法が中国の朱子学にあたり、マニフェストディスティニーが中華思想に重なっているのです。アメリカにとっての黒人と黄色人は中国人にとっての「化外の民」にあたるでしょう。

日本への見解があまりに画一的で、日本を軍国主義の悪者と見做す主張以外見当たらないことも、米中両国は似ています。

加えて、ワシントンや中国共産党のエリートたちは歴史が大嫌いなところも共通します。これは第三章で詳しく述べますが、ワシントンの影響で、多くのアメリカ人が歴史を好きではなくなっている。それどころかワシントンは歴史を、つまり過去を破壊したいと思っています。中国も同じような傾向がありますね。

このようにワシントンと中国共産党の性質は非常に似ていると思います。

だから私は日本に来てそれとはまったく違う文化・文明があることを知って非常に驚きました。

渡辺　日本にいらしたきっかけは?

モーガン　私の大学に日本人留学生がいて友人となったことです。

彼の寮室で、お好み焼き、焼きそば、カレーライスなどをふるまわれました。味わったことがない日本の食べ物を御馳走してくれました。

子供の頃、近所に日本人が住んでいたということもあり、日本文化に対しては子供のときから関心があったのですが、彼と出会ったことでその興味が再燃したのです。

ただし大学で日本語の授業を受けていたとはいえ、ひらがなと簡単な漢字が少し読める程度でした。それでもなんとか日本の新聞が読みたいと勉強しました。

友人は留学期間が終わると故郷の岐阜県に帰って行ったのですが、私がことあるごとに「日本に行きたい、日本の生活を体験したい」と言っていたので、彼は帰国する直前に「いつでも遊びに来て」と言ってくれました。彼からすれば冗談半分か社交辞令だったのかもしれないですが、私は真に受けたのです（笑）。

渡辺　日本では名古屋の大学で日本語を学ばれた。

モーガン　そうです。そのあとハワイ大学の大学院に進み、アジア史を学びました。当初は中国史を専攻し、中国にも半年ほど滞在したことがあります。その後は法制史を研究するために早稲田大学でも研究する機会を得ることができました。おかげでアメリカの歴史学会では見ることのできない史料を読むことができました。この経験がなかったら、ワシントンの描く〝正義の戦争〟という似非歴史に洗脳されたままだったでしょう。

なんというか日本は、人としての在り方が違う。みんなが平等というか、公平に相手を尊重しようとする態度です。
だいたい出雲大社がまだ存在していることじたいが世界ではありえません。大国主命《おおくにぬしのみこと》の国譲り神話のあとに創建されたような神社が歴代支配者に破壊されもせず残っているということが、日本文明のすごさを物語っています。ヒッタイトやローマのような帝国なら出雲大社はとうてい許されない存在です。二〇〇〇年前に燃やされていたことでしょう。

渡辺　おそらく大和朝廷としても戦争をしないで国をひとつにまとめるという吉例として国譲り神話を残したのだと思います。確かにローマの征服者では考えられないことですが、でもどうでしょう。そのように征服しないと生き残ることができなかったということもあるのではないですか？

モーガン　茂木誠先生と哲学をテーマにした対談本をつくっているのですが、そのとき自分が病んでいることに気づいたのが「西洋病」。他人を蹴落とさなければ生き残れないという強迫観念のようなものが常識になってしまっているのです。

“太平の世”を志向する日本文化

モーガン　日本にもそれがまったくないとはいいませんが、日本史を見ると、たとえば戦国時代のような下剋上の思想は中国の影響があるのではないですか？　この用語じたい中国から来たものです。戦国時代という言葉もそうですね。

渡辺　ただ日本の場合は戦国の世のような混乱期があっても、徳川家康のような人物が出てきて国を治めます。信長のときには激しかった比叡山や一向宗との戦争も、家康の時代になると、政治に口を出さない限り存在を認めています。ですからそのような太平の世を志向する伝統が確かに日本にはあるのだと思いますね。家康が唯一許せなかったのが他宗への攻撃をやめない日蓮宗の不受不施派でした。それでも家康は自分が晩年最も愛した側室お万の方（日蓮宗徒）の願いを聞き入れ、厳しい措置をとりませんでした。日本は政治化しない限り宗教には寛容な国ですね。

モーガン　文化というのは強靭ですね。いい文化がなかなか消えないというのは希望ですね。

渡辺　アメリカも一七七六年運動をトランプが始めているというのは、アメリカの文化を取り戻さないと国は分裂するという危機感から来ているのでしょうね。

言語政策を失敗した韓国は歴史から切り離されている

渡辺　モーガンさんは韓国でも暮らしていたことがありますね。

モーガン　私が韓国に行っていたのは、二〇〇五年～二〇〇六年の一年間です。今の韓国の新聞に漢字がほんの僅《わず》かしか使用されていないのです。

言語が重要であることはいうまでもありませんが、韓国は言語政策を失敗しました。

渡辺　言語レベルを落とすと知的レベルもたちまち落ちます。

モーガン　現代朝鮮研究者である西岡力先生の勉強会に参加されていた荒木信子さんが面白いことを話していました。戦後は韓国の新聞でも漢字が使用されていて、漢字を使える韓国人も多かった。今では研究者でさえ当時の新聞が読めず、自国の歴史をわかっていない。かえって漢字が読める日本人のほうが、史料を読むことができて韓国の歴史を理解していると。

渡辺　朝鮮のエリートである両班はハングルをバカにして漢字しか使わなかった。ですから朝鮮の歴史書は漢文で書かれてきました。漢字が読めないということは、すなわち歴史から切り離されるということです。私が初めて韓国に行ったのは一九九〇年代初めの頃です。新聞にはたくさんの漢字が使われていました。表意文字の漢字は形而上の高度な思考の重要なツールになります。これを廃して表音文字のハングルだけにして、それを世界に冠たる言語だと主張する現代韓国の「病み」は深いですね。

日本を愛したラフカディオ・ハーンに共感

渡辺　ところで、モーガンさんは唐の詩人、たとえば杜甫《とほ》（712〜770）などをお読みになりますか？

中国人には唐の時代を誇りと思う知識人が多い。ところがその時代の面影が中国にはない。それが残っているのは京都。だから中国人は自分の想像する最高の時代を訪ねて京都に来るのです。

モーガン　京都は私も大好きです。現代日本よりも昔の日本の建物のほうが心を動かされます。昔の日本の面影を残す場所は、京都や奈良を除けば物質的にあまり残っていない（人の心には残っていると思いますが）。その理由がアメリカの空襲によってもたらされたことを知ったときは複雑な心境になりました。

岐阜城や名古屋城にはよく行ったものですが、その名古屋城も空襲で焼けた。城内の博物館の説明書きを見て初めて、その城は徳川時代のオリジナルではなく、鉄筋コンクリートで建て直されたものだと知ったのです。

同時に日本人の思慮深さも知りました。というのも、かつての名古屋城が炎上したときの白黒写真を見たのですが、撮影されたのは、一九四五年でした。アメリカ軍の爆撃によるものなのに、そのことはどこにも書いていません。撮影された日付と主語がなく、

猛火につつまれる名古屋城天守閣
写真：近現代PL/アフロ

「名古屋城が燃え上がる映像」というような短い説明文があるだけです。

真珠湾の博物館でもこうした思慮深さがなくはありませんが、日本ほどではない。真珠湾を攻撃したのは日本帝国海軍であると、博物館に行けば誰でもわかるようになっています。

軍艦を撃沈させた犯人を名差しで批判するアメリカと、自分たちの城が灰にされても加害者の名を語らない日本。あまりにも対照的です。

広島にも行きました。安芸の宮島の厳島神社は単に宗教の聖地というだけでなく、非常に文明的、かつ芸術的です。神聖であり静謐《せいひつ》です。そのとき私は日本文化の深遠に触れた気がしたものです。

平川祐弘先生が英訳で出版された『Ghostly Japan as Seen by Lafcadio Hearn（ラフカディオ・ハーンが見た神道の国日本）』（勉誠出版）を読みましたが、私はハーンが大好きです。

この人は、ギリシャで生まれでアイルランドに育っており、アラブとの混血もあるといわれていますが、二七歳のときにニューオーリンズにも住んでいました。彼はここで「日本」と出会い、実際日本に住み帰化します。彼には非常に共感します。

日本人と中国人のメンタリティは全然違う

渡辺　モーガンさんは漢詩がお好きですよね。漢詩は漢文で読まれますか？　英文ですか？

モーガン　英文です。漢詩原文と照らし合わせながら英文で読んでいます。

渡辺　杜甫や李白は私も好きです。しかし日本人の感性とはやはり違います。彼らの詩を読めば読むほど高級官僚の気分を書いているようにしか感じられないのです。同じ漢詩でも日本人のもの、たとえば頼山陽《らいさんよう》が書いたものは全然違います。伊藤博文も夏目漱石も漢詩を書いてますが、唐の詩人とは違うメンタリティを感じさせます。

モーガン　中国の漢詩はアメリカ人には割合すっと入ってきます。こういうところからも中国人とは精神的に近いものがあると思います。一九五〇年代、一九六〇年代のアメリカ「ビート世代」の人々の一部も漢詩が好きだったこともあり、アメリカの詩的センスと唐の時代の詩的センスは意外と重なるところが多いのです。

でも中国と日本ほど文化の「違う」国はほかにないのではないかと思うほど、隔絶したものを感じます。たまたま隣国関係にあるだけでまったく別の惑星と言いたくなるくらい、日本人と中国人は違う。

渡辺　私が感じた唐詩への違和感が日中の文化の違いなのでしょう。お話ししながらふと思ったのですが、ユーラシア大陸を西から東に回ってきたイギリスは、インドやマレーシア、それから中国にしてもメンタリティが似ていたから、コントロールしやすかった、ということがあったのかもしれませんね。それが日本に来ると必ずしもイギリスの思惑どおりにはならなかった。伊藤博文などはイギリスを警戒しました。

伊藤博文を含め、井上聞多《ぶんた》（井上馨）、遠藤謹助、山尾庸三、野村弥吉（井上勝）の「長州ファイブ」は、一八六三年に長州藩から清国経由でイギリスに派遣され、ロンドン大学ユニヴァーシティ・カレッジなどに留学しています。ところが、長州藩が英仏などの列強と揉めていると聞いていても立ってもいられなくなり、伊藤、井上の二人は急ぎ帰国して交渉の現場に臨んだ。残りの三人もふたりの交渉が失敗したらあとに続くことになっていました。井上と伊藤は若輩ながら見事に下関戦争の仲介役を果たしています。とても普通の若者にはできることではありません。

このような傑出した人物が中国にも朝鮮にもいなかった。英外交官のラザフォード・オールコックやハリー・パークスはそれにすぐ気づいて、日本は手強いと思ったのです。

中国と手を結ぶバチカンは「反カトリック」

渡辺　日本と中国との違いですが、われわれ日本人から見てもけしからんと思うのは、現在のバチカンの中国共産党に対する態度です。モーガンさんはカトリックですが、ご著書で批判（『バチカンの狂気――「赤い権力」と手を結ぶキリスト教』ビジネス社）されているとおりバチカンとカトリックとはまったく違うという見解をお持ちですね。

多くの日本人はバチカンといえば、カトリックの総本山と思っています。

モーガン　まったく違います。イスラエルとユダヤ教も違うように、バチカンとキリスト教は全然違います。あのバチカンほど反カトリック的な組織はないといっていいくらいです。

欧米から非難されるイスラムのイマーム（指導者）のほうがまだましで、今の第二六六代ローマ教皇であるフランシスコは反カトリックであり、「サタン教」でないかと思うほどです。

許しがたいことに、中国の「臓器狩り」にカトリック教会は加担しているのです。

二〇一七年、中国国内で、臓器移植プログラムを担当していた、日本の厚生労働省に相当する「衛生部」の元副部長が、バチカンのローマ教皇庁科学アカデミーの臓器移植をテーマにした国際会議に招待されました。その会議において中国における死刑囚や収容者への生体強制臓器摘出を「デタラメだ」と否定しました。このような人物をわざわざバチカンの会議に呼ぶことじたいが、まずおかしい。

ローマ教皇フランシスコは、二〇一五年に公の場で、臓器売買は「新しい形の奴隷制度」だと強く批判していたのです。しかし実際に、臓器売買を中国国内で担当する者をバチカンに呼ぶわけです。要するに北京からバチカンへ相当のカネが流れているということです。

イタリア人で政治リスクコンサルティング会社ポリシー・ソナールのフランチェスコ・ガリエッティによれば、バチカンが毎年、北京から受け取る金額はおよそ二〇億ドルだと主張しています。そしてその対価がバチカンの「沈黙」なのでしょう。私の解釈では、沈黙よりも、バチカンが臓器売買に協力していると言ったほうが正確だと思います。

中国との間で長い間懸念材料となっていた案件に中国共産党による「司教任命権」問題がありました。しかし二〇一八年には暫定的に合意したのです。その二年後の二〇年には、さらに二年間延長されました。バチカンの権威を習近平に売り渡したのです。

バチカンの承認がないまま、中国政府が勝手に任命していた八人（うちひとりは死亡）の司教を、教皇がそのまま認めることになりました。

つまり、バチカンは香港、中国などに住む数多くのカトリック信者を見捨てたのです。

バチカングローバリストは、信者を売り渡す代わりに、カネを受け取った。まったく酷い話です。

第三章

〝捏造神話〟の人工国家は歴史が弱点

「モーゲンソープラン」の残酷さを知らないアメリカ人

モーガン　戦後ドイツの工業力を弱め農業国化することにより同国を弱体化させる政策「モーゲンソープラン」のことは渡辺さんの本（『第二次世界大戦アメリカの敗北』文春新書）で初めて詳細を知りました。アメリカでは教えていないことです。

渡辺　モーゲンソープランとは当時財務長官だったヘンリー・モーゲンソーが計画したものです。この立案には、アメリカが日本に突きつけた最後通牒ともいえる「ハル・ノート」原案を作成したハリー・デキスター・ホワイトが関わっていました。

ユダヤ系のモーゲンソーは反ユダヤ人政策をとるヒトラー政権を嫌っていました。ヒトラーだけでなく、「ドイツ民族をこの世から消してしまいたい」というほど、ドイツ民族そのものを激しく嫌悪していたのです。

ホワイトはソビエトスパイでした。モーゲンソープランによってドイツが二度と立ち上がれなくなれば、西方からの脅威がなくなる。ソビエトは好都合と考えました。

モーゲンソープランの本質、つまりドイツの徹底的な非武装化と農業国化の意図は「JCS（ドイツ占領基本指令）一〇六七号」第二〇項から三三項に明確に示されて

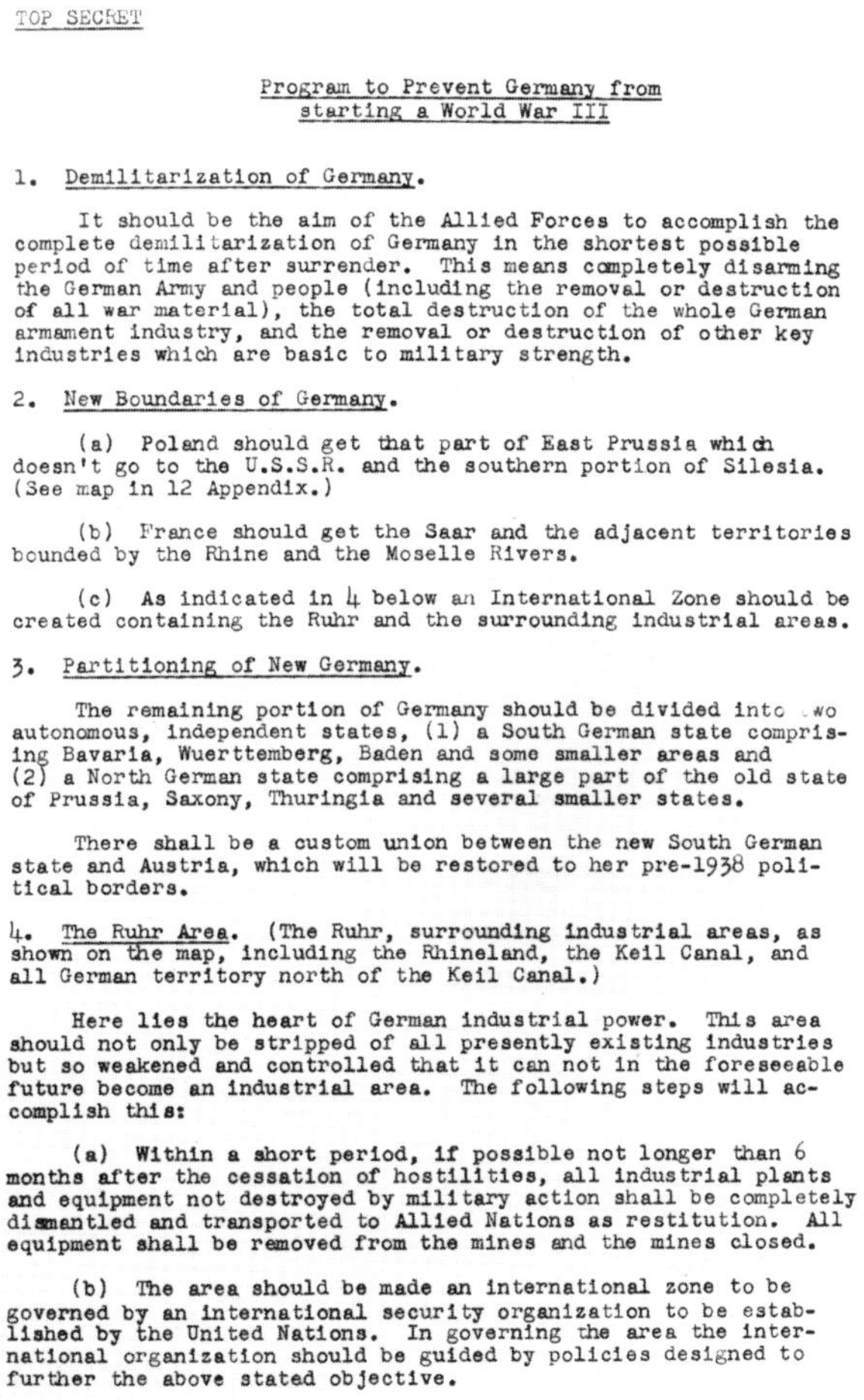

TOP SECRET

Program to Prevent Germany from starting a World War III

1. Demilitarization of Germany.

It should be the aim of the Allied Forces to accomplish the complete demilitarization of Germany in the shortest possible period of time after surrender. This means completely disarming the German Army and people (including the removal or destruction of all war material), the total destruction of the whole German armament industry, and the removal or destruction of other key industries which are basic to military strength.

2. New Boundaries of Germany.

(a) Poland should get that part of East Prussia which doesn't go to the U.S.S.R. and the southern portion of Silesia. (See map in 12 Appendix.)

(b) France should get the Saar and the adjacent territories bounded by the Rhine and the Moselle Rivers.

(c) As indicated in 4 below an International Zone should be created containing the Ruhr and the surrounding industrial areas.

3. Partitioning of New Germany.

The remaining portion of Germany should be divided into two autonomous, independent states, (1) a South German state comprising Bavaria, Wuerttemberg, Baden and some smaller areas and (2) a North German state comprising a large part of the old state of Prussia, Saxony, Thuringia and several smaller states.

There shall be a custom union between the new South German state and Austria, which will be restored to her pre-1938 political borders.

4. The Ruhr Area. (The Ruhr, surrounding industrial areas, as shown on the map, including the Rhineland, the Keil Canal, and all German territory north of the Keil Canal.)

Here lies the heart of German industrial power. This area should not only be stripped of all presently existing industries but so weakened and controlled that it can not in the foreseeable future become an industrial area. The following steps will accomplish this:

(a) Within a short period, if possible not longer than 6 months after the cessation of hostilities, all industrial plants and equipment not destroyed by military action shall be completely dismantled and transported to Allied Nations as restitution. All equipment shall be removed from the mines and the mines closed.

(b) The area should be made an international zone to be governed by an international security organization to be established by the United Nations. In governing the area the international organization should be guided by policies designed to further the above stated objective.

モーゲンソープラン
写真：akg-images/アフロ

います。

【指示項目第三〇】ドイツの非武装化のために次の措置をとること。

A　略。

B　民間船建造の禁止、合成ゴム・人造石油・アルミニウム・マグネシウムその他の製造および製造機械生産の禁止、具体的な方法については後日指示。

C　右記製品を製造する施設は接収保護し、以下の措置をとること。

一　賠償に充てるためにそうした製品の接収。

二　賠償に充てられないもの、あるいは（最低限に認められた）生産に不要な製品は破棄処分。判断がつかない場合は廃棄処分として処理。

【指示項目第三二】連合国によって賠償やドイツ産業の管理および（軍需生産と見做される産業の）破棄について合意がなるまでは、管理理事会は以下の措置をとるものとする。

一　鋳鉄や鉄鋼、化学品、（アルミニウムおよびマグネシウムを除く）非鉄金属、工作機械、ラジオ、電機機器、自動車、重機、およびそれらに関連する重要部品の生産の禁止（ただし、第四・五項の指示に適うものは除く）。
二　右記に関わる製造工場や工業施設の復旧の禁止（ただし、第四・五項の指示に適うものは除く）。
【指示項目第三三】管理理事会は、消費財生産は容認する。ただし、第四項、第五項に示した管理の目的に沿うものでなくてはならない。すなわち賠償のための工場および機械の接収の障害になったり、（消費財生産のために）輸入を増やすようなことがあってはならない。

容易に想像できることですが、上記のような指令を現場レベルで落とし込む実務は簡単ではありません。そのため、民生品か軍需品かの仕訳が難しい品目はより厳しく解釈されました。

その結果、ドイツでは機械類のほとんどが動きを止めます。

モーゲンソープランによるドイツ占領政策は一九四五年秋から本格化し、一九四七年七月まで続いた。この間、ドイツの再建は一向に進まず、ソビエト占領地域ではあらゆる機械類がソビエトに運ばれていきました。工業製品を周辺諸国に輸出し不足する農作物の輸入に充てていたドイツは機械を奪われたため、輸出できず、食料の買い付けができない。その結果飢饉《ききん》となり大量の餓死者が出ました。

この時期にどれほどのドイツ人が食糧不足で死んでいったか正確なところはわかりませんが、カナダ人研究家ジェイムズ・バクーの著した『Crimes and Mercies（罪と情）』によればドイツ国内の民間人五七〇万人、東部ヨーロッパから排除されドイツ本土に戻ったドイツ系二五〇万人、戦争捕虜一一〇万人。死者総数は九〇〇万人にのぼるとされています。

九・一一の陰謀がアメリカ人を目覚めさせた

渡辺　こうした事実から目をそらすアメリカの歴史学会の酷さは言うまでもありませんが、メディアも酷い。第二次大戦当時のアメリカ人は大統領のルーズベルトが下半身不随で車いすに乗っていたことさえ知らなかったわけでしょう。メディアがその事実を隠し続けたからです。

ただ、モーガンさんより私のほうが、アメリカに希望を感じているかもしれない。

他国への干渉主義に対する反発が強い時代、つまり国民がまともだった時代が、アメリカにあった。その時代に回帰する空気がある。

たとえば、アメリカのヨーロッパ問題非干渉を訴えた「アメリカ第一主義委員会」はルーズベルトの干渉主義に徹底的に反対しました。その結果、八〇パーセント以上の国民が参戦に反対だった。アメリカは非介入主義の国だったのです。

トランプ大統領候補の演説への熱狂を見ていると、アメリカがあの時代に戻れる可能性があるのではないかと、思えるのです。ナチスドイツと中立条約を結ぶべきと主張したチャールズ・リンドバーグの演説に国民が熱狂した時代に。

私はアメリカ国民を目覚めさせた最初のきっかけは、九・一一事件、つまりアメリカ同時多発テロだと思います。陰謀論で片づける人間とは議論になりませんが、実際に何が起こったのかを科学的に検証すると公式説明による現象は科学的（物理的）にはありえないのです。そのことに多くのアメリカ国民が気づいた。

典型的な例が、ワールドトレードセンター第七ビル（通称：ソロモン・ブラザーズ・ビル）の崩落。四七階建ての第七ビルが、「ツインタワーの瓦礫による損傷と火災によって崩壊した」（米政府公式発表）というのです。崩落前の第七ビルはツインタワー崩壊による瓦礫の損傷はほぼ皆無だった。それにもかかわらず、わずか六・五秒というとんでもない速さで崩落しました。その映像はいつまでも見ることができます。新宿の京王プラザビルに匹敵する建物が一瞬で消えたのです。

この件に関して、ブリガムヤング大学の物理学教授であるスティーブン・E・ジョーンズは、タワー地下の溶けた金属や飛散した金属粉を調べ、瞬間的に鋼鉄を切断する「テルミット」を見つけました（Peter Phillips, Project Censored (2006). Censored 2007 : The Top 25 Censored Stories. Seven Stories Press. p. 94.）。

またCIAの爆発物処理専門家として三六年間勤務したマルコム・ハワードは、「貿易センタービル破壊は意図的なビルの爆破解体」（CIA作戦コード「ニューセンチュリー」）であったと証言しています。

対して、二〇〇四年七月に米議会が超党派でテロ事件の真相に迫ったはずの報告書『九・一一調査委員会報告書』では、この第七ビルへの言及がまったくないのです。

加えてアメリカの危機管理の専門官庁「FEMA（フィーマ：アメリカ合衆国連邦緊急事態管理庁）」の調査レポートでも、やはり第七ビルについて一切触れられていない。

アメリカン航空77便のペンタゴン突入についても怪しいことばかりです。①衝突場所の前面の芝生部分に航空機の残骸がまったく飛び散っていない、②ペンタゴンの最も外側の棟の、五階建ての一階部分のみだけが損傷を受けている（航空機と建物の大きさの関係、速度から計算すると奇跡に近いような損傷）、③航空機のフロアから引きはがれたであろう、シートベルトのバックルつきの座席はどこにあったのか？　乗客はどこに行ったのか？　④熱によりほぼすべての航空機の残骸が消滅してしまった、というように不審点はまだありますがこのへんで止めておきます。ひとつ専門家の説得力ある見解を紹介します。

「物理学的に、機体の構造・材質上、ボーイング757がペンタゴンに激突した際の、（運動）エネルギーは、航空機本体が粉砕されることに、ほとんどが消費されるはずである。したがって、九・一一事件での、ペンタゴンの九フィートの厚さを持つ六層対爆コンクリートが突き破られ、均整の取れた洞穴状に、ペンタゴンの『Cリング』（外側から三番目の棟）まで破壊された状況は、ボーイング757によって引き起こされたものではない」（航空宇宙工学エンジニア、マイケル・メイヤー、A Boeing 757 did not hit the Pentagon）。

「陰謀論」だと洗脳されていた

モーガン　今おっしゃったファクトに同感です。九・一一へのアメリカ人の反応は非常にアメリカ人らしいものでした。それは自分自身に照らし合わせてみてもそうですが、アメリカ人というのは非常に石頭で、頑《かたく》なで、一度信じ込んだものを疑うことができず、感情的になってしまう傾向があるのです。

九・一一が起きたとき、すでに日本で暮らしていた私は、テレビ画面でワールドトレードセンターに飛行機が激突する映像を目撃します。一瞬、趣味の悪い映画だと思いましたが、それが現実のニュースだったことに気づいたときには、アルカイダのテロリストたちを本気で殺してやりたいと思うほど、感情が爆発しました。彼らは一九九八年にもケニアとタンザニアでテロ攻撃による「アメリカ大使館爆破事件」を起こしていたので、許せなかった。

アメリカは九・一一の一年半後にイラク戦争を始めます。このときも、感情的には戦争を支持していました。ただ、冷静に考えると疑問がありました。九・一一を首謀したアルカイダとイラクのフセイン政権は関係がないからです。

しかし、大量破壊兵器を保持したイラクを先に攻撃しなければ、いつ大規模テロを起こされるかわからないというジョージ・ブッシュの論理に納得してしまいました。

でもあとから振り返ってみれば、当時の私はまったく冷静ではありませんでした。自分の頭で考えるのではなく完全に流されていた。〝歴史の流れ〟というものが念頭になかった。ですから、なぜアメリカが中東のテロリストたちのターゲットになるかわからなかったし、「宗教戦争だ」という解釈に簡単に納得してしまいました。

しかしよく考えるとやはりおかしい。「宗教戦争」というのであれば、教会など宗教施設を狙ったほうがいい。ところが実際攻撃を受けたのは、ワールドトレードセンターであり、ペンタゴンであり、ホワイトハウスもターゲットだった。宗教とは関係ないところばかりです。要するにただの戦争であり、その理由をつくったのがワシントンの中東政策にあることが歴史を学んでわかるようになりました。

さらに九・一一から二〇年後の二〇二一年になって、いま渡辺さんがおっしゃったように同時多発テロの被害が公式発表の説明では物理的にありえないことが、友人からの説明で、よくわかりました。私が九・一一の全貌を初めて自分で調べたのはそれからです。つまり、テロ発生から二〇年もの間、九・一一のアメリカ陰謀説はすべて

「陰謀論」で片づけていたのです。

時間はかかりましたが、私はようやくワシントンの巨悪に目覚めることができました。

その視点から眺め直すと、ワシントンにとって九・一一はとても便利な方便だったことが理解できます。それは英語で言うと「ブランクチェック（白紙小切手）」で、無制限の権限や資金を九・一一事件をきっかけにして獲得したのです。

九・一一について、非常に興味深い本があります。サデウス・J・コジンスキーというワイオミング・カトリック大学で一〇年間哲学と人文科学を教え、学部長も務めた人の『Modernity as Apocalypse : Sacred Nihilism and the Counterfeits of Logos（黙示録としての現代性：神聖なニヒリズムとロゴスの偽造品）』です。

私はこの人の見解と近いですが、彼は九・一一を起こしたのは「ディープステート」であり、ディープステートは「サタン教の教会」だと断じています。「サタン教」というのは子供たちに対し、自分がトランスジェンダーだと洗脳することにより性器を切除させるような勢力を指します。つまり彼らの主張や行動はとても人間のすることではないという意味です。

ワンパターンの「偽旗作戦」

渡辺　ディープステートによる陰謀説があったのは間違いでしょう、ペンタゴンという監視が最も厳重で、監視カメラだらけの施設であるにもかかわらず、その映像を一切公開しないとか、航空機を操縦していたテロリストがセスナの免許も取れないような人間だったとか、あまりに不自然なことが多いからです。

九・一一に関しては私自身も教訓があります。それはたとえ人文系の人間であっても、現代技術という理系に関する知識を多少なりとも持っていないと、このような事件が起きたときの分析を誤る、ということです。

私は「テルミット」を利用した爆破技術を知りませんでした。ですから、ワールドトレードセンターの三つのビルの崩壊が、この技術によるものだとは想像もつきませんでした。もしそれを知っていたら、もっと早い段階から九・一一の不自然さに目を向けることができたでしょう。

ですから、二〇二三年八月に起きて公称では九七人が死亡したといわれるハワイのマウイ島「山火事」もレーザー兵器の存在を知っていたので自然発生の「山火事」にしてはおかしなことが多すぎると感じました。

そういう意味では歴史を勉強するとともに現代技術や軍事技術も難しいですが勉強しなければならない。大変なことですが、そうしなければ間違った評論をするはめになる。

モーガン　私などは自分の勉強の足りなさを痛感するばかりです。

九・一一について思い出すのは、日本のホームステイ先である私の友人の父親が、事件当初から、ブッシュ政権の関与を疑っていたことです。いま思うと卓見でした。

その方は日本共産党の機関紙『赤旗』を購読しているような人だったので、「共産主義者は信用できない」と思っていた当時の私は反発しただけですが、彼から聞いた日本の政治家の話や世の中の出来事に関する見解は、非常にレベルが高かったと、今は思います。

九・一一と似た話は一九六三年の「ケネディ暗殺事件」にもありますね。

ケネディ暗殺後に新大統領になったリンドン・ジョンソンが、暗殺事件の真相を究明すべく設置した「ウォーレン調査委員会」が報告書を出します。委員長を務めたのは連邦最高裁長官のアール・ウォーレンですが、同委員会のメンバーのひとりであり

ＣＩＡ長官だったアレン・ダレスが報告書内容を差配していたようです。つまり、九・一一のレポート同様に真実とはいえない報告書だった。

ダレスは「第一次キューバ危機」とも呼ばれる「ピッグス湾事件」（１９６１年）では、ケネディに全面的なキューバ侵攻を決断させるために、わざとケネディが失敗するよう仕向けました。ダレスはソ連の侵攻の日程を一週間以上前に知り、カストロには知らせていたのにケネディには伝えていなかったのです。

渡辺　そもそもケネディ暗殺はＣＩＡが起こしたという有力な説もあります。アレン・ダレスは前政権のアイゼンハワー政権（１９５３〜61）でもＣＩＡ長官を務め、国務省長官だった兄のジョン・ダレスとともに、ソビエト封じ込め政策である「ダレス外交」をとっていました。ケネディはこのダレス外交と対立する世界観を示していたため邪魔な存在でした。

ケネディは冷戦の終結のほかにも、ベトナム戦争終結、第三世界の独立支持、反軍産複合体など、ＣＩＡの方針とことごとく対立していた。

歴史を遡ると、「リメンバーメイン（米西戦争）」にまで戻ることができます。

一八九八年二月一五日にハバナ湾で、アメリカ海軍戦艦メイン号が爆発・沈没し、二六六名の乗員を失う事故が発生。これをスペインの仕業だとアメリカメディアがプロパガンダ報道で米国民を煽った。「Remember the Maine, to Hell with Spain!（メイン号を思い出せ！　くたばれスペイン！）」とアメリカ国民を戦争に向かわせた。この頃のアメリカの新聞はイエロージャーナリズムといわれ「戦争」「女」「犯罪」の記事で部数を伸ばしていました。

日本の真珠湾攻撃では二四〇〇人、九・一一では日本人二四人を含む二九七七人が犠牲となった。今度のハマス・イスラエル戦争もこのパターンでしょう。アメリカは国民の戦意を煽るためなら一〇〇〇人から三〇〇〇人くらいの犠牲者は惜しまない。味方の犠牲者を出してから復讐という同じパターンでずっときている。

モーガン　渡辺さんが『虚像のロシア革命』（徳間書店）で書かれた、ドイツのUボート（潜水艦）の魚雷攻撃によって沈没したイギリスの客船ルシタニア号も同じパターンです。一九一四年に勃発した第一次世界大戦にアメリカを参戦させるために、イギリスのチャーチルはドイツの警告を知っていながら、その攻撃に任せた。アメリカ人一二八人を含む約二〇〇〇人が亡くなったことで、アメリカ世論の風向きが変わりました。

渡辺　このときは、ルシタニア号撃沈を理由にアメリカは参戦をしなかったので、まだ国民に知性が残っていたのかとは思います。米国民はロシアを専制国家と理解していました。そんな国に味方して参戦してはならない。この国民意識はルシタニア号沈没くらいでは変わらなかった。

参戦できないアメリカにチャーチル（海軍大臣）は落胆しました。イギリスがロシア革命を裏でアシストしたのはロシア帝政を破壊することで革命後のロシアを民主主義化したと米国民に説明できると考えたからです。

モーガン　いずれにせよ、いい加減アメリカ国民も同じパターンで戦争が始められていることに気づいてほしいです。

「アメリカの敵になることは危険だが、友人になるのは致命的である」

モーガン　本当のサタン教かはともかく、ワシントンというのは人を殺したい、人殺しをビジネスにしたいという一種のカルト集団です。

ウクライナを見てください。自国政府がグローバリストの手先となって戦争しても、首謀者のワシントンは武器やカネを送るだけで傍観者にすぎない。そのためにウクライナ国民は数十万人の犠牲者を出してしまった。まさにこのウクライナの教訓を日本は学ぶべきです。ワシントンは武器を売るだけで絶対に助けに来ない、ということを。

前述のコジンスキーが書いてますが、九・一一による犠牲者は戦争のための儀式、黒ミサのようなものであると。くりかえしますが、そのような〝死のカルト〟であるワシントンを「同盟国」だという親米保守は国民を騙しています。

渡辺 「アメリカの敵になることは危険かもしれないが、友人になることは致命的である」と言ったのはキッシンジャーですが、自国の本質をわかっていたのでしょう。

そしてアメリカはベトナム戦争の敗北過程で、南ベトナムの傀儡《かいらい》政府を見捨てて撤退した。同じことを日本がされない保証はどこにもない。ゼレンスキーもゴ・ディン・ジエムのように捨てられますよ。

歴史的にアメリカは他国の戦争に参戦するとしても、陸戦で兵士が死ぬことを極端に嫌います。死んだのはほとんどがヨーロッパの兵士です。第一次世界大戦がそうでした。米軍は一九一八年夏頃の参加で一一月には休戦となっています。第二次大戦でのヨーロッパ戦線への陸の戦いへの本格的参戦はノルマンディ上陸作戦以降であり、戦争末期の一九四四年六月になってからです。

これは連合国軍が総力をあげたドイツ占領下の北西ヨーロッパへの侵攻作戦で、米軍は死者二四九九人、負傷者三一八四人、行方不明一九二八人と多大な犠牲を払い、連合軍、ドイツ軍合わせると死傷者数は約四二万五〇〇〇人にのぼりました。

民間人を含めると犠牲者の数は倍増するでしょう。文字どおり世紀の決戦で、この勝利により連合国は第二次大戦の戦勝国となる。しかしスターリンの赤軍の被害者数二六六〇万人と比べたら微々たる犠牲者数です。

要するにアメリカは自国の陸軍を戦わせるのを忌避する半面、他国に戦争させるのがうまい。

モーガン しかしそのようなことは当のアメリカ人はまったく思ってもみない。赤軍ではなく、ノルマンディ上陸作戦を行った米軍のおかげでヨーロッパを救ったと思っているし、イラク戦争でも米軍が多大な貢献をしたと思っています。

自分たちの国が派遣する、グローバリストのために戦わせて死なせる兵士の本当の姿が見えていません。軍隊じたいも政府じたいも同様で、私たち一般国民はその本当の顔が見えていないのです。

恐ろしいほどの人種差別

渡辺　国民はそうでしょうが、第二次大戦時の指導者であるルーズベルトやチャーチルはソ連軍の大量の犠牲に負い目はあった。だから密約でソビエトによる七つの民族――エストニア、ラトヴィア、リトアニア、ベッサラビア、ブコビナ、フィンランドの一部、ポーランドの一部――の完全なあるいは部分的な併合を認め、またソビエトがその周辺部に親ソ的な国（共産主義化した国）を持つという、英米両国民を裏切るほどの寛大な権利を許したのです。軍事的に不要なソビエトの対日戦争参戦をルーズベルトが促したのも同じ理由です。樺太も千島列島もスターリンに献上したのは赤軍の犠牲への見返りなのです。

空海軍の派遣はともかく、陸軍を出さないという方針が米歴代政権にはあったはずなのに、ベトナムで失敗しました。米兵の死者は五万七〇〇〇人にものぼります。その後は猛反省して空と海の戦いばかりです。陸の戦いはおまけのようなものです。

モーガン もうひとつ日本にとってベトナム戦争やイラク戦争の教訓は、アメリカは白人至上主義であり、アジア人やアラブ人を殺戮するのに一切の情け容赦はない、ということです。

ベトナム戦争では、北ベトナム兵と南ベトナム解放民族戦線（通称ベトコン）のゲリラ合わせて約一二〇万人が死亡し、さらに、民間人は二〇〇万人から三〇〇万人が死亡したといいます。イラク戦争では、軍民合わせて死者の数が推定約五〇万人です。そのことは東京大空襲で一〇万人以上、広島・長崎の原爆投下で五〇万人もの命を奪われた日本も身をもって知ったことのはずです。

私ははっきりと言いたいと思いますが、もし日本が白人国家であったなら米軍は原爆投下をしなかったでしょう。

白人至上主義はアメリカに限りません。ベルギー国王のレオポルド二世（１８３５〜１９０９）は、コンゴ自由国を統治した二〇年で、二一〇〇万人ものコンゴ人を虐殺しています。ヒトラーのユダヤ人虐殺を六〇〇万人というなら、それ以上のホロコーストなのに、大半の日本人がその事実を知りません。

渡辺 ベルギーのコンゴ支配も酷い。あれが異常なのは、ビスマルクが主催したアフリカ分割に関するヨーロッパ列強による国際会議「ベルリン会議」（1884～85）で、決められたことです。コンゴ一国をベルギー王室の所有にした。要するにコンゴ人は全員レオポルド二世の私的所有物と認めたのです。

モーガン　そのような残酷な黒歴史はアメリカでも一切教えていません。私は大学でも教わりませんでした。しかし逆にいうと、二一〇〇万人もの黒人を虐殺したという歴史があり、いまだにアフリカから搾取している事実があっても、教科書に取り上げられもしないのは、つまり白人にとっては大した事実ではないからです。

アメリカの歴史を調べても、白人に殺された黒人の死体ばかりですので、コンゴでどのような歴史があったか知りたくない心境もあるでしょう。

渡辺　それだけ黒人を軽視しているということですね。

モーガン　そうです。それは恐ろしいことだと思います。

渡辺　私は日本人にとってこの話は非常に重要だと思っています。というのも、ベルギーのような「小国」も大国同様にずるくて残忍だということです。

小国がずるいということを私はさまざまな本で書いてきましたが、これは強調して強調しすぎることがない歴史の真実です。ベルギーもチェコスロバキアもポーランドもずるい。もちろん韓国もずるい。

たとえば日本の満洲事変について日本に最も批判的だったのは、チェコスロバキアです。

チェコスロバキアはヴェルサイユ条約の「戦争利得者」です。チェコスロバキアはヴェルサイユ条約で決まった国境を壊したくはなかった。満洲でいささかでも国境変更があると、それが欧州にも波及すると恐れたのです。

小国がなぜずるいか。一国で他国を支配する力を持たない小国は大国同士をけしかけ戦争をさせたり、漁夫の利を得たりしながら国益を最大化させます。小国のロジックを知ることが、外交をするうえでも歴史を見るうえでも重要です。私はくりかえし警鐘を鳴らしていますが、「小さい国は可哀そう」という意識が日本人にはすぐわいてしまう。そうした態度で世界史を解釈するのは危険です。

プーチンの攻撃のほうが抑制的

モーガン　朝鮮戦争でも米軍は人種差別に満ちた残虐な攻撃を仕掛けていたことが最近読んだ『Immovable Object: North Korea's 70 Years at War with American Power（不動の妨害物：アメリカの力との戦争で北朝鮮の70年）』（A・B・エイブラムス）でわかりました。

北朝鮮は問題外ですが、中国軍でさえ現地の朝鮮人を殺さないようにと配慮をみせているのに、米軍は民間人の頭の上にも爆撃を浴びせていたというのです。

アメリカはその残虐な事実を隠蔽してきましたが、米軍などの資料館で調べると、米軍の残酷さや人種差別を物語る資料がたくさんあると著者が書いています。

渡辺　アメリカがいかに有色人種を差別し、虐殺してきたかの歴史の話を聞くと、ウクライナに対してプーチンがどれだけ自制的かよくわかります。

米欧メディアは開戦当初から、プーチンの原爆投下の可能性を煽り、非難をくりかえしていましたが、ロシア軍の攻撃対象は原則としてウクライナの軍事拠点に絞られています。二三年末にロシアはウクライナに大攻勢をかけ、数百発のミサイルを発射したのですが、死者は六〇人程度、負傷者も一六〇人ほどでした。

一方ガザを見てください。二〇二三年一〇月七日にイスラエル軍とハマスの戦闘が始まって以来、殺されたパレスチナ人は二〇二四年二月二九日時点で三万三五人にのぼり、三カ月も経たないうちに三万人を超えたのです。

これはガザ地区の人口約二三〇万人のうちなんと一・三%。殺された大多数は女性と子供だといいます。こうした数字は国連組織の報告です。

プーチンのほうがいかに抑制的であるかがわかるでしょう。そうでありながら西側主要メディアはプーチンを悪魔のように報道し、ネタニヤフ首相の冷酷にはだんまりです。

反ユダヤという歴史的転回

渡辺　アメリカ人の歴史認識の変化として取り上げたいのは、ハマス・イスラエル戦争における、反イスラエル運動です。

米議会下院では二〇二三年一二月に、ハーバード大学の学長やペンシルベニア大学、マサチューセッツ工科大学（ＭＩＴ）の学長が、キャンパス内の反ユダヤ主義の興隆を憂えた委員会の公聴会に呼び出されました。そして、年が明けるとほどなくして学生の反ユダヤ活動を黙認したということで、ハーバードとペンシルバニア両校の学長が辞任に追い込まれています。

ハーバードの学長クローディン・ゲイは、初のアフリカ系学長ということで七月に就任したばかりでした。

モーガン　反イスラエルデモはアメリカ各地の大学で勃発しており、なかには「ユダヤ人を殲滅せよ」との意味合いを持つ「川から海へ」というスローガンを掲げた過激なデモもありました。

ハーバード大学では、大学にいるユダヤ人学生をターゲットとした嫌がらせが頻発しましたが、大学側はユダヤ人学生が保護を求めてもこれ無視すると、今度は逆にユダヤ人学生六人から反ユダヤ的思想を広める教授を採用しているとして、損害賠償などを求める訴訟を起こされたのです。

アメリカの大学が、タリバンの訓練場、または赤軍の訓練場とどう違うか、私はよく理解できません。世界で最もレベルが低く、最も多くのバカが集まっている場がアメリカの大学ですよ。日本人が憧れる必要などまったくありません。

渡辺 アメリカの大学キャンパスでは、これまでは民主党系活動家の独壇場でした。黒人の命こそ大切だという「ブラック・ライヴズ・マター（ＢＬＭ）」や反ファシスト運動の「アンティファ（ANTIFA）」、あるいはＬＧＢＴＱ団体などに属する学生がさんざん大暴れしても放ってきた。潮目が完全に変わったということです。

いま学生たちは、ハマス・イスラエル戦争でのネタニヤフ政権のあまりの残酷さを目にした。それが反イスラエルデモが拡大している理由です。

これまでは大学キャンパスはほとんど親イスラエルだったことを考えると大きな変化です。

「イスラエルはパレスチナ人虐殺をやめろ」という学生のデモを大学側が抑えようと

しても抑えきれない。慌てた親ユダヤ勢力が議会に圧力をかけ、学長を呼びつけ、辞任にさせた。それにもかかわらず学生たちを抑えられないのです。第四章で詳しく議論しますが、アメリカが目覚めつつあることを示す大きな動きのひとつだと思います。

モーガン　ただ、アメリカの大学教授のほとんどが左翼反ユダヤ主義者であるという背景もあります。「イスラエル（ユダヤ人白人）は悪だ」と学生たちに洗脳教育をしているのです。その影響もあります。

アメリカとイスラエルは同じ神話を武器にする双生児

モーガン　これは非常に重要なポイントなので強調したいと思いますが、日本国内ではアメリカの支配構造を次のように考えている人が多いのではないでしょうか。

ユダヤ人がメディアを支配してるから、イスラエル支持の声が絶対的に強い、と。

しかしちょっと違います。ユダヤ人がアメリカに与えた影響というよりは、アメリカ人が信じたい神話にイスラエルの存在が欠かせないというのが真相なのです。

つまりわれわれアメリカ人にとっての善、アメリカ人の正義をアメリカの代わりに物語ってくれている国が、イスラエルだということです。この双子のシオニスト（アメリカはピューリタン版シオニストですが）は、ユダヤ教とほぼ関係がありません。歴史を装った神話がすべてです。

アメリカとイスラエルは「歴史がない」、あるいは歴史を勉強すると崩壊してしまうという意味で、双生児なのです。イスラエルの正統性については、みな聖書に書いてあると言いたがるのですが、聖書のイスラエルと現在のイスラエルはまったく別の国です。

ギリシャの神話のなかで、現在の英語圏表記で書くと「Jason」という人物が登場しますが、その「Jason」と私がまったく関係ないように。もし私がギリシャの神話の記述をもって自分を正統化しようとすれば、批判の的にされるでしょう。

「第二次世界大戦は正義のためにアメリカは戦った」という神話と、「世界史上ホロコーストの最大の被害者であるユダヤ人」による「イスラエル建国」の正統性は、ワンセットになっているため、片方の前提が覆るとアメリカも共倒れになる。

たとえイスラエルがどんなに非道であっても、アメリカが支持せざるをえないのは、これが理由です。普通に考えて異常なことですが、戦後は神話としてこれがまかり通ってきた。

「ナチスドイツの犠牲者であるユダヤ人を批判するのか」といえばみな黙ってしまいます。ですから、イスラエルを批判した人間に対してはユダヤ人批判だとすり替えればいい。ナチスドイツ＝絶対悪、ユダヤ人＝絶対善という伝家の宝刀が抜かれれば、黙るしかない。それは当のユダヤ人にも適用された。

そしてアメリカ人も、自分の国の暗黒な歴史を隠すために、自分たちの正義を強調するために、イスラエルを隠れ蓑として、無意識に利用しているのです。ユダヤ教、旧約聖書などは、関係ありません。

現にアイヒマン裁判を傍聴したユダヤ人の哲学者であるハンナ・アーレントは、数百万人におよぶユダヤ人の強制収容所への移送責任者アドルフ・アイヒマンを擁護したとして、世界中のユダヤ人からバッシングを受けています。

アーレントは別にアイヒマンを擁護したのではなく、『エルサレムのアイヒマン――悪の陳腐さについての報告』（みすず書房）のなかで、「アイヒマンは反ユダヤの大犯罪人ではなく、自らの思考を放棄し、上からの命令に忠実に従うだけの凡庸な人物にすぎない」というようなことを書いただけです。要するに本当の悪は、大悪人が引き起こすのではなく、システムのなかの一般人によって担われた、という常識的な見解を述べたまでです。

それなのにこの論文を発表して以降、死ぬまでユダヤ人社会のなかで孤立した。このような一種の手品を、アメリカも利用している。ユダヤ人批判を防波堤にすることにより「正義のアメリカ」神話を守っているのです。

私が尊敬する学者がいます。ノーマン・フィンケルスティンというアメリカ人です。道徳哲学の理解に優れている人なのですが、イスラエルを強く批判します。そのため「反ユダヤ人」だとよく逆批判されているのです。

しかし、フィンケルスティンの両親は、ナチスドイツの収容所に入れられていた。フィンケルスティン本人が反ユダヤ人であるはずはない。

そもそも彼が批判しているのは、ユダヤ人ではなくて、イスラエルです。そして、アメリカ人として批判しています。ユダヤ人としてではなくて、アメリカ人として。ですが、彼を批判する人はすぐ「反ユダヤ人」を持ち出して、彼をユダヤ人という型に当て嵌めて言論を封じる。非常にずるいやり方ですが、アメリカではごく普通なんですね。

そういう意味ではアメリカ国内でイスラエル批判が高まっているのは、渡辺さんがおっしゃるとおり大きな意味があります。

渡辺　九・一一の真実を絶対に信じない人たちも同じ神話のなかにありますね。

モーガン　まったく同じ神話のパターンです。

渡辺　パール・ハーバーも原爆投下も同じ。

モーガン　アメリカという国じたいが「正義」という神話で成り立っている。だから歴史を知ってその神話を覆すとアメリカは瓦解してしまうのです。

「アメリカに歴史がない」の本当の意味

渡辺　よく「アメリカには歴史がない」といいますが、単に歴史の短さだけをいうのではないということですね。ここを多くの日本人が誤解していました。つまりアメリカでいう「歴史」とは客観的な歴史ではなく、自分たちにとって都合のいい正義の衣に包まれた「神話」にすぎない、と。衝撃的ですね。

モーガン　アメリカという国は自分たちがつくった神話を世界にばらまき、理念で現実を覆い隠す。真の意味での歴史がない国です。その理念を正当化するために歴史を捏造してきた。

渡辺　モーゲンソープランを教えずにマーシャルプランの話だけ教えればアメリカがやさしい国だと思えるのが当然です。そうしないとアメリカは「もたない」。

モーガン　すべて理念が先行して、その延長線上に歴史がある。批判的人種理論による取り組みである「1619年プロジェクト」もそうです。

ジェイムズタウンに初めて奴隷が連れてこられた一六一九年を真のアメリカ合衆国の建国と見做すことでアメリカの歴史の再構築を目指すものですが、非常に神話的な歴史観にすぎません。もちろん、事実としてジェイムズタウンの指摘はそれで合っていますが、そこからくる話、とりわけ「1619年プロジェクト」は、神話です。

アメリカを建国したのは白人ではなく黒人だ、などというのは啓蒙思想のなかでできている神話なのです。メイフラワー号がアメリカに渡ったいわゆる「プリグリム・ファーザーズ」の一六二〇年とか、アメリカ独立宣言の一七七六年とか、バトルのように見えますが八百長のようなものです。

「私たちが建国した！」「いや、違う！　あなたたちじゃなくて、私たちが建国したのだ！」。こういった馬鹿げた、神話同士のバトルばかり繰り広げているのです。

歴史の本質は複雑で、どこの国でも嫌なこともあれば、いいこともあった。日本にしてもドイツにしてもそうなのです。

そもそも「建国」じたいが神話です。今までの出来事をすべて無視して、この時点から新しい歴史が始まる、と宣言することじたいがおかしい。歴史として成り立たない。

それなのに、欧米の日本に対する歴史の見方は著しく偏ってます。日本アレルギーと言っていいくらいで、フランクリン・ルーズベルトをかばって、日本を完全な悪者に仕立てている。

アメリカの保守でさえもそのような歴史観に拠っています。保守のなかでも、日本とドイツの世界史的立場を理解しているのはごく一握りの人たちです。その一部の人は、ソ連というモンスターのほうがはるかに脅威であることを理解していた。

しかしネオコンは日本とドイツの歴史的立場を理解していません。

渡辺　もしアメリカ人が本当の歴史を学んでしまったら、鏡に映った醜い自分の姿を見て脂汗を流すガマガエルのような精神状態に陥るのではありませんか。

モーガン そうです。かくいう私自身がその経験者です。

日本に来て徐々に日本語の歴史書が読めるようなって、アメリカの歴史もそうですが世界史を見るうえでまったく違う立場のあることを知りました。鏡に映る私たちの姿が醜いと思ってしまった。そのときに私は心のなかでアメリカ人をやめた。つまり、アメリカの神話から目覚めることができたのです。

歴史修正主義がアメリカで絶対に許されない理由

渡辺 アメリカで歴史修正主義の歴史観がなかなか広まらず、少しでも異なる視点で歴史を解釈しようとすれば激しくバッシングされます。その理由は、歴史観の変更ではなく、モーガンさんにいわせればアメリカの「神話」を崩すことになる、ということですね。

モーガン そうです。アメリカでいう「歴史修正主義者」というのは日本ならただの「至極真っ当な歴史家」です。史料に基づいて真実の歴史を書く歴史家はアメリカでは修正主義者といって否定されます。アメリカというのは「歴史のない国＝真の歴史を許さない国」なのです。
本当の歴史の話をする人間は「ファシスト」とレッテルが貼られます。私は「プーチンのスパイ」と罵《ののし》られたこともあります。また、「安倍晋三元総理大臣の工作員」とも呼ばれました。そのような戯言を聞くと、どれだけアメリカが神話のなかにどっぷりとつかっているかがわかります。

渡辺 そういう意味では、モーガンさんは鏡に映った自分の本当の姿に脂汗を流すような状況にも耐えうる精神力をお持ちだった。普通ならパニックになるような衝撃ではありませんか?

モーガン 幸い私には精神的な逃げ場がありました。アメリカ人としての私には見たくない史実ですが、それから一歩引いた南部人というもうひとつのアイデンティティが私を守ってくれたのです。
歴史を学ぶ過程で、アメリカ人から「南部人」というアイデンティティに戻ることができた。そのおかげで、われわれアメリカ人が他国にやったことはそのまま全部認めることができるし、恐ろしい罪悪感に苛《さいな》まれることから逃れることもできました。

渡辺 トランプさんはもちろん九・一一の裏やＪＦＫ暗殺の裏も知っている。しかしそんな彼が再選されてもアメリカの神話を崩すことはできません。そんな状況のなかで国民をコントロールしていかなければならない、ということですね。

モーガン トランプさんという人は政治家としてのパフォーマンスが非常に長《た》けている人だと思います。二〇二〇年の独立記念日にコロナ禍でありながら反対を押し切り花火大会をしたり、金正恩の北朝鮮よりも大きな軍事パレードを行ったり。『トム・ソーヤの冒険』を書いたマーク・トウェインを読めばわかりますが、アメリカの歴史のなかではよく出てくる少年のようです。

渡辺 でもそのパフォーマンスをしないとアメリカはもたない。

モーガン そうです、トランプはおそらくアメリカ史上最強のアメリカ神話のパフォーマンスができる人間です。自分のやっていることはただのパフォーマンスにすぎないとわかっていることが面白いんです。その点、天才的です。

渡辺 だからアメリカという変な国をコントロールするには、彼のやり方しかないと私は思いますね。一般のアメリカ人は、鏡に映った恐ろしい姿の自分を目にしたら精神のバランスを保てません。モーガンさんのような精神力は持っていない。

モーガン 舞台に上がって星条旗をハグする。うまいなと思います。彼らのパフォーマンスに一般国民もホッとするのです。

日米の歴史認識の溝はかくも深い

渡辺　そのトランプといえども、真珠湾の嘘についてもルーズベルトの大罪についても修正はできないだろうなと私は思っています。

これは別のところでも書いたことですが、日本の政治家がアメリカ人とうまくやるためには、表向きはその神話を否定しないで、ただ「アメリカも酷いよね」って具体的なことは言わずに批判することです。そんなことを言う政治家にアメリカの高官が「そうだね」、と苦笑いする。公の場ではこのあたりが限界でしょう。

それ以上要求すると、不倫の旦那を追い詰めるようなことになる。離婚覚悟ならいいけど、日米関係の離婚は現実的ではありません。

私はアメリカのビジネスパートナーや顧問弁護士とよく歴史談義をしていた。彼らのほとんどがルーズベルトが真珠湾を仕掛けたこともわかっていた。

彼らは公式の場ではそれを言えないまでも、プライベートな会話のなかでは真実の歴史の話ができています。そういう関係でしか日米関係を良好に維持できないのではないかと思います。リアリストであるとすればそう考えざるをえません。

モーガン 私自身の体験をいえば、もう何回となくアメリカ人たちと歴史認識の議論をしてきましたが、その壁の途方もない厚さに諦めているのが正直なところです。アメリカの主流派の保守でさえそうです。

ただ少数ながらわかっている人もいる。「オールドライト」とか「ペイリオコン」と呼ばれる人たちは、ルーズベルトの罪もソ連をしっかり警戒していた日本とドイツの立場も認めています。私はそういう人たちとの関係を少しずつ広げていっています。確かにアメリカ全体から見たら少ないかもしれませんが、それが希望であることに違いはありません。

第四章

ネオコン＋親米保守が日本を滅ぼす

ユダヤ人とイスラエルは別物

モーガン　先に「イスラエル神話」について述べましたが、ほかならぬ私自身、これまでずっとイスラエル批判＝ユダヤ批判だと洗脳されていました。イスラエルは絶対的存在だと。

イスラエルに対して最初に疑問が芽生えたのは、キリスト教の一部の人々がイスラエルは民族だけでなく国家を示しているという解釈をしたからです。しかし前述したように旧約・新約を問わず、聖書に書かれたイスラエルと現イスラエル国家はまったく別物です。これが第一点でした。

次に日本に来て、渡辺さんや馬渕睦夫先生、林千勝先生の本を読んだことで、さらなる疑問が浮かびました。正直、ロスチャイルドやイスラエルの失われた十支族といったような記述を見ると「陰謀論」ではないかと思ったこともありますが、ハマス・イスラエル戦争の実態を知るにつき、人々が批判しているのはユダヤ人そのものじゃなくて、イスラエルという国家がやっていることであり、その裏で糸を引いているネットワークがあることは否定できない事実だと考えるようになりました。

しかもそれが歴史的につながっている。

もちろん、それを一括りにユダヤ人といえるかは別の話ですけれども、現実問題としてそのような勢力がいるのは間違いない。ネットワークは複雑な存在で、そのネットワークの「うち」と「そと」との区別も複雑ですが、だからといってネットワークは存在しないと、そのような否定もできないですね。

実際、私はユダヤ人が大好きでユダヤ人の友達もいっぱいいます。ユダヤ人哲学者も大好きで、ユダヤ人に対して好意しか持っていません。ですからユダヤ人といってもみなそれぞれで、一括りにはできませんが、イスラエルというのはユダヤ人社会のなかでも非常に特別な存在です。

このことは今後の課題として、徹底的に調べる予定です。

ただ現時点では、イスラエルは植民地主義の延長線上にできている国であり、ユダヤ人的な志向というよりは、むしろイギリス人的な方針で国家運営をしているような気がします。他者を皆殺しするという考え方じたいが、ユダヤ人というよりも、イギリスやワシントン的な発想です。

米国内の反イスラエルは希望

渡辺　イスラエルではネタニヤフ政権の評判が悪い。対ハマスに向けたイスラエルの戦時内閣に出席しない閣僚も出てきている。世界世論がアメリカとイスラエルにこれほど反発するのは彼らにとって初めての経験だからだと思いますよ。

興味深いことに二四年一一月の米大統領選を前に民主党のボランティアが続々と大統領府から辞めています。まるでタイタニックから逃げるネズミ状態。あんな残酷なイスラエルをバイデン政権は武器支援している。とてもじゃないがそんな政権を支えるボランティアなどやっていられません。

モーガン　いやアメリカ国民はびっくりしていますよ。アメリカの衰退を肌で感じているのではないでしょうか。国際政治での影響力の低下を痛感しているのだと思います。

渡辺　二三年一二月の国連総会では、イスラエルに対し「即時の人道的停戦」を求める決議を国連加盟国の約八割にあたる一五三カ国の賛成多数で採択されました。反対はアメリカやイスラエルを除くとたった八カ国。アメリカもイスラエルも世界に嫌われている現実にぞっとしたのではないでしょうか。

また、同月末には、イスラエルのガザ侵攻を「ジェノサイド」だと南アフリカが国際司法裁判所（ＩＣＪ）に提訴しています。

こうした各国の反イスラエル、反米の動きを見ると、米エスタブリッシュメントとメディアは国民の洗脳に失敗したことがわかります。初動から反ロシア、反プーチンのプロパガンダで攻勢を仕掛けたウクライナ戦争とは明らかに違います。

しかしアメリカにとっては、国民がメディアに騙されないというのは回復への兆しであり、朝日が昇りかけているのではないかと期待したい。東部エスタブリッシュメントがイスラエルを非難したのは、初めてのことでしょう。

ようやく歴史の存在に気づきだしたアメリカ人

モーガン　アメリカ人の希望という点でいうと、イスラエルについて「一九四八年から歴史は始まったわけではない」という言葉が今アメリカで流行ってます。アメリカ人はようやく歴史の存在に気がつきだしました（笑）。これまでのようにイスラエル

＝善、パレスチナ＝悪、という図式ではわりきれない、歴史は複雑なものだというムードになってきた、ということはいえます。

渡辺　そういう意味では「コンドラチェフの波（旧ソ連の経済学者ニコライ・コンドラチェフによる、景気循環の一つの形態を表したもので約50年の周期とする波動）」のような大きな波が訪れて、歴史シフトが起きているのではないかと期待したいですね。ドイツでも「ＡｆＤ（ドイツのための選択肢）」など保守政党が急激に伸びています。

モーガン　しかしこれまで述べてきたとおり、私はアメリカに関してはかなりラディカルな考えを持っております。それからすると、アメリカの復活は絶望的ではないかと思います。

アメリカのほうが危機感は強い

渡辺　モーガンさんはアメリカに対して諦めモードだと思いますが、アメリカ情勢を追いかけていると、日本よりも危機感があって、もしかしたら立ち直るのではないかと、希望が持てるんですね。確かにこの期に及んでも危機感を持たない人たちも少なくないのですが、気づき始めている人たちが増えていることも間違いないことです。

そういう意味で大統領選のある二〇二四年は、アメリカの未来を占う年になります。危機感のレベルでいえばむしろ、日本のほうがなお酷い。ネオコンに追随するいわゆる「親米保守」と外務省。軍産複合体の広告塔のような自衛隊ＯＢ。彼らの発言は目に余ります。もうＣＮＮの焼き写しでありネオコンと同じです。こうした状況を見るとアメリカのほうが光は見えるのではないか、と彼らの発言を聞くたびに思います。

アメリカという国は、これはほかの場所でも書いたことですが、自分で気づかなければ変われない。他国や外国人から言われても反発するだけです。ただ自分で気がついたときにはドラスティックに立ち直ることができる。こういう強みが残っていると思います。

モーガン　それは残っていることは残っています。
ここ近年で一番希望を抱いたのは、二〇二二年一月末からカナダ・オタワで始まった「フリーダムコンボイ（自由のための車両隊列）」です。新型コロナウイルスワクチンの接種義務化と行動制限に対する抗議の声をトラックのドライバーたちがあげたのですが、これ以上は許さないと家族を守ろうとする男たちの姿はかっこいいと思いました。

カナダ人がアメリカ人に対して大きな教訓を与えた出来事だったと捉えています。自分に何があってもかまわないが子供たちに手を出すな、という抗議行動はアメリカでもあります。

分断こそアメリカの希望

モーガン　南部の人間からすると、アメリカは分断するしか希望がない、というのが実感です。少なくとも南部は自分たちを「アメリカ人」だとは思っていない人がいます。または、連邦政府がアメリカ大陸を乗っ取った前の、本当のアメリカ人だ、と逆に考えている人も多いですね。アメリカという大陸に住んでいることは間違いなくても、これだけ巨大で人口の多い移民の国がみな同じ国民とはだいたい思えるはずがありません。
ロシアも広大ですが、人口は日本と変わらないくらいで、人が住んでいる地域はわりと集中している。しかも長い歴史があり、ロシア正教でまとまっています。歴史のないアメリカは理念的にまとめあげるしかない「人工国家」にすぎません。その理念が揺らいでいるのです。

アメリカという国家への忠誠ではなく、南部の文明・文化で十分。私の感覚でいったら、ルイジアナくらいでいい。テネシーも大好きですけれどジョージア州はどうでもいい（笑）。

渡辺　ジョージア州は、アトランタはおかしいけれど、田舎はまともじゃないですか？（笑）

モーガン　周辺はまだいいですが、それでも相容れないものがあります。テネシーとジョージアは違います。ノースカロライナ州はテネシーとほぼ同じですが、やはりジョージアは異質です。フロリダも違う。ルイジアナ、ミシシッピ、アラバマ、テネシー、ノースカロライナくらいが自分たちの国で、テキサスは完全に外国（笑）。隣のルイジアナ州の存在を知っているのかすら疑問です。もはや分断するしかない限界まできている。

渡辺　これでカリフォルニア州知事のギャビン・ニューサムがバイデンの代わりに大

統領になったらアメリカは完全にアウトでしょうね。

モーガン　「グレーターアイダホ州」法案といって、オレゴン州の四分の三くらいの地域がアイダホ州に入りたがっています。

渡辺　オレゴン州政府組織がポートランドなどの都市部過激住民にハイジャックされていることにもう我慢できない州民の反乱です。グレーターアイダホの動きというのが今のアメリカの縮図なのかもしれませんね。都会に暮らす東部エスタブリッシュメントのバカどもとは一緒に暮らしたくない、という気持ちなのでしょう。

トランプ政権の「失策」

モーガン　私はトランプのことは応援していますし、ぜひ大統領に復活してこの四年間の復讐をしていただきたい。容赦なくリベンジしてほしい。

渡辺　第一期トランプ政権の問題点は、人選のミス。おそらく自分が切れるから、まわりはそこそこでもコントロールできると考えたのでしょうけれど。

モーガン　それは政権誕生の当初からそうだったと思います。まずペンスを副大統領に選んだ時点でおかしい。

渡辺　その分、今回は、大統領に返り咲いた暁には、手痛い教訓としてしっかりした人選をするのではないかと、期待できます。第一期政権ではすべて手探りだった。人事も誰にするか、そして何を任せられるかもわからないなかでの船出でした。

モーガン　トランプは本を読んだり、勉強はしませんが、地頭が相当いい人であることは間違いない。そうでなければ、あのニューヨークで、ビジネスで成功などできるはずがありません。金と権力と女に目がない元ニューヨーク市長のルドルフ・ジュリアーニのような人物を政権に入れることはまずない。同じ轍は踏まないでしょう。

渡辺　ジュリアーニはもう少しできるかと思いましたが期待外れでした。

モーガン　トランプが大統領になれば純粋な内戦になります。それだけのことを反対勢力にトランプはやられてきました。

私がトランプならFBIとCIAの全職員をキューバにあるグアンタナモ湾収容キャンプか、それかイランのテヘランに一人一億で売り渡します（笑）。

アメリカは幻のような国です。カナダのほうがまだましです、イギリスの文化を受け継いでいて、国としては健全です。いかがですか？

渡辺　トルドーがいなくなれば大丈夫です。カナダ保守党の党首であるピエール・ポワリエーヴルが首相になれば、かなりよくなると思います。トランプが大統領に返り咲き、北米大陸がトランプ&ポワリエーヴル体制になれば希望が見えます。

ワシントンが中国と戦うはずはない

モーガン　アメリカという国は中国を軍事的に抑止したことがないばかりか、中国共産党を育てた張本人です。アメリカが日本のために中国と戦ってくれると思っている親米保守は妄想、幻覚を抱いている人たちです。

または、彼らはCIAからお金をもらって、日本国民を騙しているとも考えられます。そうでなければ、日本の親米保守ほど分析力がない人間はこの世に存在しないということです。もし親米保守が賄賂を受け取っていないとすれば、彼らの分析能力のなさを説明する理由がほかにありません。

ワシントンが中国と戦争するはずがないし、重要なビジネスパートナーであり、理念も共通していることはすでに述べました。

テキサス在住の亡命中国人牧師ボブ・フー（傅希秋）は、NGOの「China Aid（対華援助協会、二〇〇二年設立）」の創設者ですが、彼は天安門事件を直接目撃しています。

クリスチャンになった彼はそれが理由に投獄され、出所と同時にアメリカへ亡命した。当然北京を嫌悪している。その彼がトランプへの弾劾を見て「北京とワシントンは変わらない、プロパガンダとフェイクニュースばかりだ」と嘆いた。彼から直接聞きました。

渡辺さんがおっしゃるとおり、そのことにアメリカ人が気づき始めています。日本にとってアメリカの崩壊は、しばらくは大変でしょうが、日本は本来「サムライの国」のはずです。その精神は消えていないと私は信じたい。サムライの国が中国を怖いはずはない。逆に中国のほうが日本を恐れなければならない存在です。

戦前の日本が中国でやっていたことは間違いではありません。バラバラになったのは自業自得だった中国大陸に日本が入って、大陸のカオスから自分の国を守るために満州国を建設した。

いま日本や台湾が中国の侵略からアメリカが戦ってくれるはずだと期待していますが、戦前の日本は自ら防衛していたのです。その体制を壊したのがワシントンのはずなのに、どうしてその破壊者に親米保守は期待するのか、ナンセンスです。

日本はサムライの国であり、国民はバカではありません。それなのにアメリカに依存しているのはおかしい。武田信玄や秀吉や家康だったらこのような事態を静観しているはずがありません。米軍という傭兵に頼るなんて情けないことであり悲しいことです。

ウクライナ戦争の真実を理解していない親米保守

モーガン　また保守の代表的なオピニオン誌の論調のほとんどがなぜかＣＩＡプロパガンダとそっくりです。

元航空自衛隊空将の織田《おりた》邦男さんは私と同じ麗澤大学の方ですが、織田さんによると、プーチンは独裁者だから、ウクライナを侵略したときは周囲の人間の声に耳を貸さず、彼我の戦闘力の差もわからずに、見切り発車的にウクライナを侵略したと分析しているのです。しかし現実は全然違います。

何もプーチンはウクライナ領土が欲しくて侵略をしたわけではありません。クリミアや東部二州という、ロシア人が多い、いわゆる「親ロ派」の地域の住民をウクライナのネオナチから守りたかっただけです。またNATOの東方拡大というロシアに対する将来の侵略から自国を防衛するためにやむをえず始めた戦いです。だからプーチンはその目的を公にしたうえで「特別軍事作戦」と呼んでいます。

日本の地政学的状況を見れば、ただでさえ中国と北朝鮮という敵対国家があるというのに、ロシアまで敵に回すのは得策ではない。本来なら、ロシアを含めて中国包囲網をつくりたかったはずですし、少なくとも安倍さんはそのための動きをとっていました。

そのようなバランス感覚がわからず、ワシントンのロジックでしか考えられない親米保守派が多すぎます。アメリカ人である私は日本人に対して申し訳なく思うところです。

渡辺　ミンスク合意を破ったのは誰かということと、英国のボリス・ジョンソンがロシアとウクライナの和解案を二度も潰した事実。この二つの事実だけでも知っていれば、プーチンがキエフを侵略しようとしているはずはないことがわかる。だからこそ「特別軍事作戦」と呼称している理由もわかるのです。

アメリカの保守派人気アンカー、タッカー・カールソンが、ハンガリー首相オルバンと対談した動画を観たのですが、ウクライナでは徹底的に兵力が不足していると指摘していました。二〇二三年の夏のことです。ウクライナが勝利を収めるとする報道は一〇〇パーセント嘘であるとオルバンは言い切っている。ウクライナ兵士の投降も増えていますが、プーチンは彼らを優遇していると報じられています。ロシア防衛省の映像でも、ウクライナ兵の投降姿が紹介されています。そのなかには七一歳の老人もいました。ロシアは投降する際ロシア軍へどうコンタクトするかをウクライナ兵に伝えています。かつては投降すれば親族が酷い目にあった。ウクライナ秘密警察はもう手に負えないほどの投降者で諦めムードらしい。

ウクライナは腐敗も酷い。エジプトのジャーナリストが、ゼレンスキーの親族名義で所有するエジプトの高級リゾート内の別荘をすっぱ抜きました。スエズ湾付近にあり、義母の名義で、五億円の別荘を購入していたのです。亡命準備は万全なのです。イタリアにも別荘を持っていますが、ロシア人のオリガルヒに貸しています。エルサレム近郊にある一億円相当の邸には両親を住まわせています。こんな腐敗した政権を、岸田首相は本気で支えるらしい。

モーガン　なぜ日本のメディアはウクライナの腐敗やロシアの立場、日本の在り方を報じないのか。特に元自衛隊幹部の人たちはワシントンプロパガンダマシンのように、ネオコンの主張をメディアでくりかえしています。わかってないのか、わかっているのに知らないふりをしているのか。意図的なのか無意識なのか。それは不明ですが、保守論壇の一部に見られる売国的傾向は看過できない問題です。

親米保守の論調はCIAそっくり

渡辺　私は二三年一二月二二日に改正した「防衛装備移転三原則」により、米国企業のライセンスに基づいて三菱重工が日本で生産している地対空誘導弾パトリオット（PAC3）をアメリカに輸出するという報道を見て、これだなと思いました。自衛隊OBの発言と平仄《ひょうそく》が合う。

また、二四年一月にウクライナを訪問した上川陽子外務大臣は会談で、NATOの基金に日本円で約五三億円を新たに拠出し、ウクライナに対無人航空機検知システムなどを供与すると発表しました。ハマス・イスラエル戦争によりウクライナにまで手が回らなくなったアメリカの差し金なんでしょうけど、日本の国民は何のために税金を納めているのかと思うでしょうね。

モーガン　ウクライナ防衛ビジネスですね。そして次はウクライナ復興ビジネスです。日本人として恥ずべきことです。ワシントンのやり方、つまり相手国を破壊し一から構築させるという非道なやり口に加担するのは、まったく日本人らしくありません。アメリカかぶれというか日本男児としての名誉違反です。南部の人間としても日本人としてもやってはいけない汚らわしいことです。人の死をビジネスにするなんてことは。

渡辺　「軍産複合体であるネオコンと親米保守が結び付いている」。そう疑われても仕方がありません。ネオコン勢力がアメリカから一掃されれば、希望が持てるのではないか、というのが私の持論です。親米保守と呼ばれる人たちはその備えができているのか。これが本書で伝えたい大きなメッセージのひとつです。

モーガン　過激なことを言っていいでしょうか。もし武士が生きている世であれば、アメリカ様に阿《おもね》っている人たちは一刀の下に斬り伏せられ、生きてはいないと思います。備えなどまったくできていないし、アメリカという幻にうつつを抜かしている存在は、その夢が破れた暁には粛清の対象となるでしょう。この国を清めないといけない。禊《みそぎ》が必要だと思います。

私のような顔をした人間に言われたくないでしょうけれど、彼らは日本人失格です。

陰謀論批判に大反論

渡辺　モーガンさんは『ＷｉＬＬ』の二〇二三年一二月号で、馬渕先生などを陰謀論者と否定する人たちに対し、真っ向から反論していましたね。面白かったのは「ディープステート」とはいったい誰なのか名前をあげてみろという挑発に対し「ジョン・ボルトン元大統領補佐官、ジェイムズ・クラッパー前国家情報長官、ジョン・ブレナンＣＩＡ元長官、サマンサ・パワー元米国連大使、スザーン・ライス米国民政策委員会委員長、ウィリアム・バーンズＣＩＡ長官、ジェイムズ・コミーＦＢＩ元長官、アンドリュー・マッケイブＦＢＩ元副長官、レオン・パネッタＣＩＡ元長官、マイケル・ヘイデンCIA元長官……このへんで十分でしょう」と実際に名前を列記してみせた（笑）。それに対して反論はありましたか？

モーガン　まったくありません。風の噂によると、読む価値がないと彼らはうそぶいているようですが。日本の親米保守のなかに男はひとりもいません。真剣勝負してくれる相手はまずいない。言い訳ばかりで私と勝負することを避けています。

渡辺　ほとんどの親米保守は本当の歴史を知らない。だから反論ができないのだと思いますよ。そもそも「陰謀論」という言葉が使われるようになったのは、ルーズベルトの汚い世論工作で第二次大戦に参戦したことを見破った人たちを封じ込めるために利用される政治プロパガンダ用語です。この用語をケネディ暗殺の黒幕に気づいた人たちを黙らせるためにCIAが広めた。

アメリカに参戦してほしかったイギリスつまりチャーチルは、参戦を約束したのに動かない米政府にいらだっていました。そこで二〇〇〇人もの英国の工作員をロックフェラーセンターに送り込み、やりたい放題の世論工作活動をした。その工作にFBIもルーズベルトの命令で協力していた。それでも、アメリカは参戦できませんでした。世論が強固に参戦反対だったからです。そこで最後は日本を徹底的に追いつめて、真珠湾攻撃を仕掛けさせたのです。

世論工作には陰謀がつきもので、その陰謀を指摘する人間に対し「陰謀論者」というレッテルを貼り黙らせる。それが今までは効果がありました。

モーガン　アメリカのような捏造神話で成り立っている国にとって、歴史の真実を言う人間は危険な存在です。

渡辺　河野太郎はコオロギ食について「陰謀論者がデマを拡大している」と言い放った。陰謀論とレッテル貼りしてくる相手は信用しないことです。彼らはレッテルを貼れば、相手は黙ると高をくくっているのでしょう。それは、これまで保守が左翼からさんざんやられてきたことです。ネトウヨしかりレイシストしかり。どの部分が陰謀論であるか明示しなくてはならない。陰謀論と主張するならその根拠はあるか明示しなくてはならない。直接的エビデンスはないのであれば、わかっている事実から合理的に推論して反論すればいい。陰謀論とレッテルを貼るだけで議論を避けるのは卑怯です。

モーガン　卑怯な主張の典型例は、内藤陽介氏の次の一文です。

「なお、ＤＳの具体的正体としては、ユダヤ系の大富豪（国際金融資本家）を挙げる論者が多いが、悪魔崇拝者、小児性愛者、レプティリアン（ヒト型爬虫類の異星人）という要素を加える者もいる。いずれにせよ、彼らは恣意的にDSのレッテルを貼り、攻撃しているだけなので、この点を問い詰めても意味がなさそうだ」

このように陰謀の存在に注意を促す私たちを「ヒト型爬虫類の異星人」といった荒唐無稽の主張をする人たちと一括りにすることによって、議論を封じようとするところです。

「ディープステート（DS）」の正体は、中央情報局（CIA）、連邦捜査局（FBI）、国防総省（ペンタゴン）、国土安全保障省、内国歳入庁、そして民主共和両党にいるグローバリストなどのことです。

CIAやFBIが当時のトランプ大統領に対して諜報活動を行っていた「クロスファイア・ハリケーン作戦」、トランプ政権で大統領補佐官を務めていたマイケル・フリンが起訴された「ロシアゲート事件」、そして二〇二〇年の米大統領選での「不正選挙」……。二〇二〇年選挙は疑惑のレベルを超えていて、事実と言い切ってよい。

CIAやFBI、民主党のグローバリストは、あの手この手でトランプを引きずりおろそうと画策しました。それは「アメリカ・ファースト」を掲げたトランプの存在が邪魔だったからにほかなりません。

証拠もあります。たとえば、イーロン・マスクが公開した、ツイッター社とアメリカ政府のあいだの秘密を暴露したファイル「ツイッター文書」。そこで暴露されたのは、二〇二〇年の大統領選直前、ツイッターはＣＩＡやＦＢＩなどからの要請を受け、バイデン大統領の息子であるハンター・バイデンの疑惑をめぐる報道を検閲していたということです。あの報道がＳＮＳでもっと拡散されていれば、大統領選の結果も大きく違っていたでしょう。

それに加えて、ＣＩＡ、ＦＢＩ、ホワイトハウス、ペンタゴンなどは大手ＳＮＳに圧力をかけ、新型コロナの起源やワクチン接種の副反応といった情報も統制していました。

大統領に従うはずのＣＩＡやＦＢＩが、大統領を引きずりおろそうとする。これはアメリカ政府を操っているのが大統領ではないことを意味しているのです。それが〝影の政府〟であるＤＳなのです。

歴史を遡れば、ＣＩＡは長年、アメリカを含むいくつもの国で暗殺・クーデターなどの工作活動を行うことで傀儡政権を樹立した。東欧のカラー革命やアラブ諸国の民主化運動（アラブの春）がその典型的な例です。日本をはじめ、エジプト、イラン、グアテマラ、チベット、チリ、ウクライナ、キルギス、アフガニスタン、リビア、キューバ、ガーナ、コンゴ共和国……アメリカのＤＳが全世界にもたらしたダメージは計りしれません。

渡辺　今のアメリカの対中政策を見ているとわかるのですが、ロジックがない。

馬渕先生も強調していることですが、本当に台湾有事があるのか疑問を持ったほうがいい。私は日本の軍事産業を育てることに反対はしません。ただ、ネオコンと組んで、ネオコンの戦略に巻き込まれるかたちで日本の軍事産業を育てることには断固反対します。それこそ、アイゼンハワーの警告した「軍産複合体に気をつけろ」です。

日本は台湾有事を利用するのではなく、正々堂々と日本国家を守るために独自に軍事産業を強化するのが王道なはず。

「台湾有事」は口実

モーガン　同感です。日本人は騙されてはいけません。今のウクライナを見ていれば明らかですが、アメリカが挑発して中国が台湾に侵攻してきたさいに、大勢死ぬのは台湾人と日本人です。おじいちゃんやおばあちゃんたちがたくさん死ぬことになります。そのような事態になった時に親米保守はどう責任をとるのか。

親米保守は、日本の武器をウクライナに送るべきだと言っていますが、そういう発言のなかに彼らの「売国奴」らしさがはっきり見えています。

渡辺　ここが民主主義の悪いところです、要するに国民を脅さないと、つまり恐怖させたり過剰な正義感を煽らないと予算を通せない。ですから真の哲学者がいるなら哲人統治のほうがいいと思っています。

モーガン　ルイジアナ州の民主主義を見てください。犯罪の宝庫です。

渡辺　たとえばトランプが大統領時に創設した「宇宙軍（Space Force）」のようなものならいいのですが。陸海空軍など五つの軍と同格の軍組織ですが、戦争を利用しないかたちでの軍事力の増強なので。

台湾有事報道は裏口からの日本の軍事産業の強化の可能性が高い。こんなこそくなやり方は日本の将来にはマイナスになると警告しておきたい。

米国から守るために憲法九条は護持したほうがいい可能性

渡辺　参政党代表の神谷宗幣さんとの対談で話したことですが、今のネオコンとべったりの親米保守の動きを見ると、いっそのこと憲法九条の改正は急がないほうがいいと思うようになりました。つまり憲法九条を楯に、ネオコンによる自衛隊派遣要請を突っぱねる。

第一次世界大戦のときには、英米から太平洋を防衛するように要請され、最終的には海軍を出しました。地中海の対潜水艦作戦までやらされたのです。また当時の政治家たちはだいぶ抵抗をしたのですが、シベリア出兵もさせられた。すると共同出兵したアメリカは突如兵を引き揚げ「日本はシベリアの領土化を狙っている」と難癖をつけたのです。それでは、今の政治家にアメリカによる理不尽な出兵要請を断れる胆力があるのか。憲法九条がなくなると歯止めが利かなくなる。だからこそ、憲法九条を逆利用する。

アメリカの嘘つまりサダム・フセインは核兵器・生物化学兵器を開発しているという嘘に乗って、イラクで自衛隊を軍事作戦に参加させていたら末代の恥でした。

モーガン　なるほど、面白い考え方ですね。初めて聞きました。

渡辺　それくらい、今の政治家と自衛隊ＯＢがだらしない、ということです。九条がなければネオコンの要求を拒否することができない。

モーガン　車でいうと、今、憲法九条を改正するということはブレーキをなくすこととイコールだと。運転手が狂っている以上は、せめてブレーキとしての九条を残す必要がある（笑）。

渡辺　私は九条がせめてエンジンブレーキくらいの役割を果たす可能性に期待しています（笑）。

保守派の悲願である自主憲法制定には条件がつくということです。アメリカから独立した強い政治家が日本にいなければ危ない。

ウクライナ戦争に、アメリカネオコンの言うなりに兵器を供給するドイツのようになってはいけません。

第五章

日本人が知らない残酷な「ブラックビジネス」

「エプスタイン事件」の闇

渡辺　エプスタイン事件ですが、ご承知のとおりこの問題は、ジェフリー・エプスタインだけではなくて、政府の要人や大企業の幹部、ハリウッドの有名俳優が絡んでいた。エプスタインは要人たちに「脅迫・ゆすり」である「ブラックメール」を送り付けていました。英王室まで巻き込んでいます。

モーガン　私が聞いた話ではエプスタインという人はイスラエルの情報機関「モサド」の工作員で、カリブ海に浮かぶヴァージン諸島のひとつである「リトル・セント・ジェームズ島」を所有していた。一〇代の少女たちが乱交パーティーに参加させられた島なので「ロリータ・アイランド」、「エプスタイン島」とも呼ばれています。ここで堂々とハニートラップを仕掛けていた。

モサドがアメリカ政治を支配しており、大統領だったビル・クリントンなどはスケベどころの騒ぎではなく、「連続犯罪的強姦魔」といっていい変態です。エプスタインのプライベートジェットの元パイロットは、「ビル・クリントン元大統領を複数回乗せた」と証言しています。

渡辺　エプスタインの自宅には、クリントンが女装した肖像画が掲げられていたらしい。クリントンは完全に取り込まれていたのでしょう。

モーガン　英国のアンドリュー王子やマイクロソフト創業者のビル・ゲイツなどもエプスタインと親しくしていたことがわかっています。

ＪＰモルガンやドイツ銀行といった「国際金融資本」もエプスタインと関係があったとして、被害者の少女らは訴訟を起こしていました（損害賠償金を払い和解済）。

二〇一九年エプスタインは少女への性虐待などの疑いで逮捕・勾留されました。ところが留置所にいたときに死亡していたことが発見されました。『ウォール・ストリート・ジャーナル』が入手したエプスタイン個人カレンダーには、ＣＩＡ長官のバーンズ（当時は国務副長官）など政府関係者との会食の予定が詰まっていたといいます。ちなみに日本の親米保守は、元ＣＩＡの関係者とのインタビューを好んでいるようです。そのようなインタビューを読むとバカバカしくなります。「ワシントンの闇」をまったくわかっていないと断言してよい。

ＦＢＩは、エプスタインが自殺した瞬間の監視カメラ映像を公開していない。故障していたとしていますがこれは怪しい。またエプスタインの売春島から押収した大量の監視カメラ映像についてもダンマリを決め込んでいます。

　このようにエプスタインはアメリカのディープステートとも深い関係を持っていたことがわかっています。ワシントンは小児性愛者の群れです。私の考えではワシントンは東京よりも北京よりも汚い。

事件の本命はイスラエルか

渡辺　ＣＩＡやＭＩ６も絡んでいます。エプスタインは一九九三年二月からホワイトハウスを一七回も訪問していますが、最初の訪問の紹介者は、のちに財務長官となるロバート・ルービンだった。

　対米外交をいかに有利にするか、そのためにエプスタインをイスラエルが利用し、英米もエプスタインを取り込んで、重要情報を入手していたのでしょう。

　そもそもエプスタインの経歴は実に不可解です。一九五三年生まれ、大学は卒業していない。七四年には、名門校、ダルトン校で数学の教師になります。それから、大手投資銀行、ベアー・スターンズのトップ、アラン・グリーンバーグと知り合いになり、その息子の家庭教師を務めます。そのコネもあり、エプスタインは七六年からベアー・スターンズに移っています。しかも要職。八七年には、アメリカの実業家、スティーヴン・ホッフェンバーグが会長を務める、タワーズ・ファイナンシャル・コーポレーションに参画します。

八八年には「Ｊエプスタインカンパニー」と名前を変えています。資金をどのように集めたのかは謎。

さらに一九八〇年代後半、エプスタインは、米国発の高級女性下着ブランド「ヴィクトリアズ・シークレット」の経営陣に招聘されます。過激なデザインで人気を博している会社ですが、その親会社のＣＥＯがレスリー・ウェクスナーです。そして不思議なことに、ウェクスナーはエプスタインにヴィクトリアズ・シークレットの経営を任せてしまう。どうしてこんなに簡単に要職につけるのか。

ヴィクトリアズ・シークレットの下着モデルになるのは女性の憧れだった。それをエサに、エプスタインは多くの女性を集めることができたわけです。

しかし、エプスタイン事件の本命はイスラエル軍の参謀であり首相を務めたエフード・バラックでしょう。バラックは「エプスタインとはお茶飲み友達だ」と言っていますがそんな浅い関係ではない。しかも、バラックは二〇〇四年から二〇〇六年にかけて、エプスタインが運営する基金から約二三〇万ドルもの大金を受け取ったと報じられました。

『タイムズ・オブ・イスラエル』（二〇二〇年六月二四日付）では、「ある女性、元イスラエル首相との性行為を語る」と題した記事が掲載されましたが、この「元イスラエル首相」とは、バラックのことです。

バラックとエプスタインの関係は、今回の事件の本質を示していると思われます。というのも、エプスタインの愛人であるギレーヌ・マクスウェルの父親、ロバート・マクスウェルは、イスラエルと英国の諜報機関に極めて近い人物であり、謎の死を遂げています。エプスタインがつくりあげた組織は、何らかの世論工作が目的だったのでないでしょうか。つまり「親イスラエル」の世論を形成することが目的だった。そしてアメリカの外交も親イスラエルに持っていくのが目的だったのでしょう。

先にも話しましたが、イスラエルがガザ侵攻時の市民虐殺で南アフリカから「ジェノサイド条約（集団殺害罪の防止および処罰に関する条約）」（一九四八年署名、一九五一年発行）違反ということで国際司法裁判所に訴えられています。この件で、二四年一月にアイルランドの法律家が南アフリカ支持の演説を行ったのですが、胸を打ちました。

ジェノサイドの被害者だったイスラエルがジェノサイド国家として訴えられた。これは世界の勢力の構造的シフトが起きていることの証です。

このエプスタイン問題との関連でいうと、南アフリカに提訴されているイスラエルがものすごい外交攻勢をかけてイスラエル支持を求めた。そこで駆使しているのが、エプスタインが集めていた〝下半身情報〟ではないのか。しかし今回はエプスタインの裏情報の効き目がない。国連は今、反イスラエルにまとまっています。

これまではイスラエルという犬をワシントンがリーシュをつけて歩かせていたのだけれど、犬が大きくなりすぎて、逆に主人のアメリカが振り回されている。

共和党も民主党も同じ穴のムジナ

モーガン　エプスタイン事件にはいくつかの側面があり、イスラエルが肝心ですが、アメリカ人としてため息が出るのは、共和党と民主党は戦っているように見えて本質は変わらないということです。非常に汚い。

大統領になったような政治家がエプスタイン島に通っていた。そのエプスタインが留置所で自殺した。「そこには何の謀略もない」と言われてもそれをうのみにするようなアメリカ国民は誰ひとりいません。

実際、「エプスタイン」という動詞ができたという冗談があるくらいです。意味は「獄中で自殺したかのように見せかけられている」です。そのような新しい英語ができるくらい、アメリカ人は政治家の汚さを理解しています。

この問題とつながる事件が一月にアメリカで報道されました。日本ではまったく報道されないことですが、ワシントンDCやニューヨーク、マンハッタンなどの高級アパートで、富裕層を相手にした韓国人娼婦による売春ネットワークのあることが発覚したのです。

記録も残っていて、誰がいつ、何時間、誰と会っていたということまで明らかにされました。顧客のなかには有名な政治家とかビジネスマン、ウォール街の人々などトップレベルの人たちが多かったのです。

売春文化も違う日本と韓国

モーガン　しかしこのような韓国人による売春問題が露呈するのは初めてではありません。こういっては申し訳ありませんが、韓国には売春文化が定着しています。

私が韓国で英語教師として勤めていたときのことです。授業後にコーヒーが飲みたいと思い、借りていた部屋のポストに入っていたチラシの店に電話して頼もうとした。チラシにはごく普通に「コーヒーを配達します」と書いてあったので、それを他の先生たちに見せながら「飲みたい人はいますか？　ご馳走しますよ」と言ったら、それはコーヒー配達ではなく、売買春のチラシだと教えられたのです。つまり、コーヒーを配達する体《てい》で部屋に入り、売春するサービスなのです。

韓国では珍しくありません。実際、韓国の歴史を調べてみれば、売春文化が強いことがよくわかりました。

だから日本の従軍慰安婦問題も韓国の文化が生み出したのだと、すぐ理解できました。それがいまだにアメリカでも続いていたという話なのです。

なぜ韓国と一緒になってアメリカが慰安婦問題で日本を叩くか。それはつまりアメリカの政治家は、表向き正義漢ぶっていても、エプスタイン事件のように裏では売春婦を買っているような人たちで、自分の汚さを糊塗するために、韓国の肩を持ち日本を叩いていたのです。

渡辺　私はあまり宗教のほうは詳しくないのですが、この問題は信仰とも関連しているのではありませんか。

日本の文化は遊郭の吉原がそうであるように、売春婦＝遊女を蔑《さげす》むことが少ない。実際、身請けして売春婦と結婚してる著名人も多い。

たとえば、坪内逍遥の妻は、東大の近くにあった根津遊廓の大八幡楼・娼妓の花紫でした。伊藤博文、木戸、山形有朋、原敬、犬養毅、渋沢栄一などは芸者と堂々とつきあっていたし、それを恥じることはなかった。芸者でも知性のある女性が多かった。

仏教は性行為を戒めていますが、神道はタブーとは見做していません。明治以前の神道では売春は巫女によって担われていたこともありました。

やはりキリスト教文化と関連してくると思うのですが。たとえばシアトルの「グリーン・リバー・キラー」と呼ばれたゲイリー・リッジウェイは七〇人もの売春婦を殺した。売春婦を人間として見做していないところがあるような気がする。

私は伊藤博文という人間をものすごく評価しているのですが、一九〇五年に日露戦争の終わったあと、朝鮮王朝の外交権が日本に移された。朝鮮王朝の二枚舌外交に呆れたアメリカなどの支持を背景に行なわれた措置でした。伊藤は後に韓国総督府を設置することになる「第二次日韓協約」の交渉に韓国へ行きました。

ソウルを訪れた伊藤を、朝鮮王朝がよりすぐりの美女軍団を集めて接待しました。伊藤は怪しく舞う女性たちを見て、一首の漢詩を残して席を立った。

「花明柳暗春三月、昌徳宮中大極亭、娼婦《しょうふ》何ぞ知る君國の變《へん》、無心の歌舞聴《き》くに堪へず」

これには元の漢詩があって、

「商女《しょうじょう》は知《し》らず亡国《ぼうこく》の恨《うら》み
江《こう》を隔《へだ》てて猶《な》お唱《うた》う後庭花《こうていか》
（歌い女《め》が、恨めしい亡国の音楽であるとも知らないで、川の向こうで、今もなお

「後庭花」を歌っている)」

をふまえて即興でつくったのです。

当時の朝鮮という国はそのときそのときの強い者につく事大主義の国で、日本、清、ロシアの間をふらふらしていた。そして相手国に取り入るときに行ったのが性接待です。それに対して、そんな接待は受けないと伊藤博文は自ら席を立つことで皇帝を戒めたのです。伊藤は女好きで「風流宰相」とまで謳《うた》われましたが、外交の場ではしっかりとふるまっている。

このようにハニートラップ外交をきっぱりと拒んだ政治家がいることを日本人は知るべきです。

そうでなければ、エプスタイン島に群がったアメリカの政治家みたいになってしまいます。

イギリスにしても、第一次世界大戦後にできた「アメリカは交戦国には武器を売らない」という中立法を覆すために、ハニトラを使っています。MI6が共和党の有力政治家に女を送り込んで籠絡した(拙著『世界史を狂わせた女たち』ビジネス社)。

ハニトラ外交はかくも活発にやられている。

モーガン　初めて聞くお話でとても面白いです。女性に対しては全世界が弱みを持っていると思ったのですけれど、そういわれてみると日本は違うところがある。

実はニューオーリンズは日本に近い文化があります。

売春婦ではないのですが、私がハワイに住んでいたときのアパートのすぐ裏に「ジェントルマンズ・クラブ」というところで、水着姿で舞台に出てダンスをする女性たちのバーがありました。お店に行ったことはなかったものの、休憩中にタバコを吸っていた彼女たちと、ベランダ越しによく話をしていたのです。

その仕事をしている理由を訊くと、だいたいは、自分の息子のためとか、学費を稼ぐためとかで、立派だなと思ったものです。

やりたい仕事ではないかもしれませんが、誰かを支えるために働いていたからです。

秦郁彦先生の『慰安婦と戦場の性』（新潮選書）を英訳したのがきっかけで、日本の水商売とか風俗系の仕事をやっている女性の書いた本を読んで感じたことですが、仕事として誇りを持ち職業になっているのです。これは文化が違うなと思いました。

アメリカと中国と韓国の性文化はかなり近い。なのでハニートラップがよく効く

（笑）。日本はやっぱり違いますね。

渡辺　秦さんについて、一言いうと、慰安婦問題ではとてもよい仕事をされています。しかし南京事件や、真珠湾攻撃などに関する解釈は評価できません。

人間が人間を裁くカトリック

渡辺　売春やＬＧＢＴに対してキリスト教圏が厳しいのは、一神教特有の善悪をはっきり決める、という宗教の影響があるのでしょうか？

モーガン　善悪の問題というよりも、逃げ道がないのが問題です。イスラムやプロテスタントは逃げ道がないという点で、ほぼ同じだと思います。カトリックはもちろん善悪を決めるのですが、もし善悪をつけるのであればみんな悪ですから（笑）。つまり原罪を背負っているつみびとという捉え方です。

ちゃんと逃げ道も用意されていて、それが教会での「懺悔」です。

カトリックは人を見下しません。ゲイがダメというような考え方はわりと最近できたものです。ＬＧＢＴというのも、あくまでプロテスタントの問題です。

もちろんカトリックでも同性愛は罪ですが、それは人間が持つ山ほどある罪のひとつにすぎない。

同性同士で性行為に及んでも懺悔すれば許してもらえた。「私はゲイ」だとか「私はレズビアンだ」というアイデンティティを主張するようになったのは近年になってからです。

たとえば三島由紀夫のように、ときどき女性、ときどき男性というのは、大昔のカトリックの立場からすればまったくわからないとは言えない。人は複雑だというのがカトリックの立場であり、人間が人間を裁くという発想はどちらかというとプロテスタントの傾向です。

だからといって、三島のようなライフスタイルはＯＫとは決して言えないのですが、そもそも彼を責めていない。わざわざ虹色の旗を掲げて「ゲイを責めていないよ！レズビアンが大好き！」とパフォーマンスをする必要もありません。

ＬＧＢＴは超プロテスタント的な問題です。罪の概念、人間の概念がまったくわかっていないプロテスタントだからこそ、罪のリアルをわかっていないし、極端になると罪を「善」と取り違え、罪を「秘跡」として捉えてしまうのです。

渡辺　なるほどそれが設計主義のような思想に結び付いていくのですね。あるべき社会を先に規定して、それに複雑な人間を無理やり押し込もうとする。

モーガン　ＬＧＢＴはプロテスタントの「ＬＧＢＴ宣教師」が先導しています。宣教師をやっていたのはプロテスタントだったのですが、プロテスタントが反キリストになってからもそれは変わりません。

日本を支配しているのは民主主義の宣教師です。「お前らはダメ、われわれは正しい」というのがプロテスタントで、南北戦争も日米戦争もそうした連中が仕掛けた戦いです。私たちはその戦いに敗れて、いまだに苦しんでいる。

南京事件を広めたのは宣教師

渡辺　プロテスタントの宣教師をうまく利用して反日活動をしていたのが、日中戦争時の蔣介石です。彼はかたちだけキリスト教徒に改宗し、日本の非道をあげつらね、中国を正当化することにより宣教師団体から多額の資金を得た。

モーガン　南京大虐殺を研究されている池田悠さんの『一次史料が明かす南京事件の

真実――アメリカ宣教師史観の呪縛を解く』（展転社）が参考になります。

一見中立な「安全区・国際委員会」を設立したのはアメリカ宣教師団ですが、その真の目的は国民党軍の支援保護だったと、その反日ぶりを一次史料から明らかにしています。加えて、南京事件をでっちあげ世界中に発信したのもアメリカの宣教師団でした。

渡辺　宣教師の悪さというのに日本人は鈍感だった。

モーガン　宣教師的存在を今の日本であげると駐日アメリカ大使のラーム・エマニュエル。LGBT運動も彼が進めています。LGBT活動家ほど宣教活動をやってる人はいない。

渡辺　トランスジェンダーのインフルエンサーを広告に起用したということでバドワイザーのビール「バドライト」が不買運動にあった件、それから「ヴィクトリアズ・シークレット」のモデルに醜い女たちを起用して大反発を食らった件でも示されたように、LGBT的な発想でマーケティングを展開した結果、大失敗に終わりました。

一般のアメリカ人もこのLGBT運動は東部エスタブリッシュメント、あるいはカリフォルニアやオレゴン、ワシントンそしてカナダのブリティッシュコロンビアみたいな西海岸の左巻の連中だけがやっている運動だっていうことに気づいたのです。
バドライトに対するユーザーの反発は非常にいい兆候ではないかと思います。

モーガン　まさに「バドライトイズム」です。おっしゃるとおり、東部というのは四〇〇年前から宣教師が占めているエリアです。

それが徐々にキリスト教という飾りが消えて残ったのが「自分たちは正しくお前たちは黙って従え」という宣教師精神、マニフェストディスティニーです。

第二次世界大戦もイラク戦争もそうで、全世界に啓蒙思想をばらまき続けてやむことがない。大半のアメリカ人は神との関係を求めて教会に行きます。宣教師のような人は東部とカリフォルニアだけです。

もしバドライトイズムのような動きが本物になれば、子供に性転換手術を施すような、サタン教と思しきLGBT運動にも反発が高まるはずです。それがバドライトの不買運動にとどまっているのは、一種の「フェイク戦争」にすぎず、単なる自己満足です。現に不買運動をしていた人たちはもうバドライトを飲んでいます。日本製品を満喫しながら日本製品の不買運動をする韓国の人たちと似ています。

なんというか、アメリカ人というのは忘れやすくて、問題の本質を捉えることができない人々ではないかと思います。

渡辺　確かに不買運動は一過性だったかもしれません。でもこの不買運動が起こったことにより、今後はトランスジェンダー俳優をＣＭに採用するようなおバカなことはできなくなるでしょう。それだけでも大きな成果だといえます。

モーガン　それは確かにそうですが、子供が性器の切除を望むように誘導する活動は看過できない大変深刻な問題です。

私は過激な発言をしてますが、あえてもっと過激なことをいうと子供の性器を切除した医者は即時死刑に値すると考えます。

モラルが崩壊した医師たち

渡辺　コロナワクチンを無警戒に推した日本の医師もそうですが、多くの医師が金に転んでいる。未成年に性転換手術を施すような医者のモラルはどうなっているのでしょうか。

アメリカは子供の性転換手術の費用を政府が支援するという話にまで発展してしま

っている。これこそ「大きな政府」が行きつく先のモラルの崩壊です。古い話になりますが、税収入だけで国家運営をしていた、ハーバート・フーバーが大統領だった時代までアメリカは戻るべきですね。

モーガン　大賛成です。

渡辺　ルーズベルト政権のニューディール政策以降、アメリカは政府の肥大化に歯止めが利かなくなった。大きな政府になると必ずそれにたかる輩《やから》が出てくる。つまり政府予算を自分たちが正しいと思う未来のために使うべきだという設計主義の輩が跋扈《ばっこ》する。ＬＧＢＴ運動はそのひとつだということです。

だから設計主義という大きな流れでこの問題を見ないとダメなのでしょうね。

モーガン　まったくそのとおりです。アメリカというのは「革命」から生まれ「革命」で育ってきた国です。

まず、イギリスのなかの宗教革命から生まれ、ついで政治的な革命として憲法による建国、その後南北戦争という革命により、マルクス主義的な大きな連邦政府を誕生させた。そしてルーズベルト「革命」により政府が人々を啓蒙し養うようになり、今度起こそうとしているのが「性革命」という流れです。

アメリカがどういう国かを知るにはホッブスを読めばいいと思います。無神論的で革命的な国であることがわかります。政府が子供の性器を切除して、しかもそのビジネスで大儲けしようとしている人たちがいる。信じがたい話です。

日本では報道されていないショッキングな事実をひとつお話しします。これは私が出た大学も関わっていたことですが、出産を望まない妊婦に中絶手術をしますね。それにより堕胎された赤ちゃんの遺体を科学実験用に売買する市場があるのです。頭がいくら、腕がいくらといったよう各部位での販売もされている。

しかも慢性的に実験するための遺体の数が足りないため、女性に中絶をするように促していることが明らかにされました。モラルもへったくれもない、「ブラックマネー」を得ることに余念がないのです。

それがアメリカのエスタブリッシュメントです。

そのような教授のいる大学から出た医者が、ブラックマネーを得るために性転換手術を子供に行っている。ワクチンも同じようなビジネスです。

ですから私はそのようなビジネスをしているアメリカの病院には行きません。

カナダの医療も同じではありませんか？

渡辺　モーガンさんがアメリカの闇を、鋭く指摘するので、私がなんとなくアメリカの光を見る役割になっていますね（笑）。ひとついい話を指摘します。二一年末、コロナワクチンの接種を拒否したということで米空軍から除隊処分を受けた二七人が、国防総省に対し訴えを起こし、勝利的和解を得ました。裁判で勝利した根拠は宗教的信条の侵害。

要するに中絶により死んだ胎児の細胞を利用したようなワクチンなど信仰上接種したくないという人たちの権利が認められたわけです。

逆に日本で喜んでワクチンを打つような人たちは、死んだ胎児を売買する市場があることも知らないし、信仰上の理由でワクチン接種を拒否できる権利があることもわからない。

ここにはアメリカのよさがあると思います。

モーガン　私はワクチン反対で除隊処分を受けた軍医ピート・C・チェンバース中佐にインタビューを行ったことがあります（『レムナント』二三年二月一六日）。チェンバース中佐は、一八歳で米軍に入隊し、空挺部隊、グリーンベレー、飛行士専門医になりました。彼は彼の知る限り、アメリカ陸軍の約二五〇年の歴史のなかで、グリーンベレーになった最初の医師であり、エリート中のエリートで、とても面白い方でした。

彼によれば、今回のパンデミックとワクチンは「『生物兵器戦争』であると一〇〇％確信」しているといいます。また、世界保健機関（ＷＨＯ）は、グローバリストのパンテオン（神々）のトップメンバーのために働いており、アメリカをグローバリストの支配下に置くために、米国政府内のカウンターパートと調整していると非難。パンデミックは、グローバリストがアメリカを乗っ取るための手段だというのです。そしてこの「生物兵器戦争」に勝利するためには、誰かの救いをあてにするのではなく、自分自身で戦うことの必要性を強調しています。

言われるままにワクチン接種をした日本人も耳を傾けるべき見識です。

私がワクチンを拒否したのは、信仰上の理由というよりは、他人の細胞を自分のなかに入れたくないと思ったからです。堕胎された赤ちゃんの細胞が利用されたと考えると、道徳的に耐えられなかった。さらに調べるとメッセンジャーＲＮＡ（mRNA）ワクチンにはヒトの遺伝子を書き換える能力のあることがわかり、打ってはいけないことを確信するにいたりました。

コロナ以降、ワクチンの実態とそれを何食わぬ顔で打とうとする医者の多いことに気づき、二度と医者を信頼しないという人が増えたことは間違いありません。私もそのひとりです。

とても立派なお医者さんもいることは認めており、現実に私の知り合いのなかにもいい医師はたくさんいますが、一般的な医者の言うことは二度と信じません。

安楽死ビジネスにしてもそうです。アメリカでもカナダでも精神病で死にたいといえば、子供でも安楽死をさせてくれる医者がいる。まさにブッラクビジネス。

日本では情報統制されているのか、アメリカの医療にまつわるブラックビジネスの実態がきちんと報道されていない。それは恐ろしいことです。

渡辺　私はYouTubeで「そうきチャンネル」を立ち上げていますが、こうしたコロナワクチン問題を取り上げられない理由は、一発でバンされるからです。実は私もチャンネルが一度バンされて、警告も受けていますが、どちらもコロナワクチン問題。

ＥＵの腐敗も指摘できない。欧州委員会委員長ウルズラ・フォン・デア・ライエンの汚職の問題を叩いたのですが一発アウト。YouTubeはグーグルですが、ＥＵに脅されているということでしょう。先に述べたように大きな政府をつくると、必ず腐敗する。EUというのは大きな政府の権化であり、国家の上の国家。腐敗して当然です。フォン・デア・ライエンはファイザー会長兼CEOアルバート・ブーラと、EU諸国の国民一人あたり一〇回分のワクチンの購入契約を、たったひとりで決めてしまったのです。完全な腐敗であり、大きな政府の弊害以外の何ものでもありません。EUは今、監査を開始していますが、私のチャンネルではそれに触れられません。

モーガン　第二章で述べたように、バチカンも大きな政府のなかに入っている。バチカンがグローバリズム推進の精神的支柱の役割を果たしていることに注意が必要です。

第六章

ディープステート解体はローマの歴史を見習え

アサンジに訴えられたCIA

モーガン　日本で報道されていませんが、DS解体の兆候を理解するうえでジュリアン・アサンジの動きが参考になります。自らが創設したウィキリークスに大量のアメリカの機密情報を暴露した罪で、最高で一七五年の禁固刑を科される可能性のある男です。

彼の弁護士が、CIAとマイク・ポンペオ元長官をスパイ行為で提訴しました。当時アサンジが住んでいたロンドンのエクアドル大使館が契約したセキュリティ会社と協力して、会話を録音し、携帯電話やパソコンからデータをコピーしたといいます。

CIAに対する提訴が認められたことは画期的です。これまではCIAへの提訴の大半は却下されてきたからです。

その流れとしては、やはりCIAの請負会社となっていたスペインの会社がスペイン国内で訴えられたことによります。私が声を大にして言いたいのは、当然、日本に対しても同じことをCIAはやっている、ということです。

CIAと関わっている自民党の政治家は日本に何人いるのでしょうか？　正確な数

ジュリアン・アサンジ
写真：ロイター／アフロ

字で示すことはもちろんできませんが、私の体感としては二、三割どころではなく、半数以上がCIAとの関係を持っているでしょう。こういうことを言うとまたぞろ「陰謀論者」とか「プーチンのスパイ」と言われますが。なぜそう言われなければならないのか、月刊誌『正論』の編集者などに訊けば教えてくれるかもしれませんね。

渡辺　CIAが日本に関与していそうだと思わせるのが『読売新聞』の論調です。ネオコンの主張と瓜二つです。

モーガン　『産経新聞』と、雑誌『正論』の論調も似ています。『正論』は書き手によって違いますが、時にCI

Aの機関紙かと思われる論文が掲載されていたりします。

私が気になった人を何人かあげると、兼原信克、武居智久、岩田清文、有村治子の諸氏で、まるでCIAから注文を受けたのではないかと思うほどの内容です。

保守系新聞といわれる産経新聞、日本一の購読者数をほこる読売新聞も含め、すべての大手メディアが安倍さんの暗殺について「スナイパー説や他殺説は陰謀論」と決めつけて報じているのは偶然でしょうか。何か大きな力が働いているのでは、と勘ぐってしまいます。

DSの先兵ともいえるCIAは、これまでアメリカを含むいくつかの国や組織に対して情報作戦（情報工作）を展開しました。

その情報作戦のひとつが、アメリカでは「モノマネ鳥作戦（Operation Mockingbird）」と呼ばれています。

「モノマネ鳥作戦」とは、CIAが海外のメディアやジャーナリストにお金、オンナ、肩書きなどを用意し、その見返りとしてワシントンに都合のいい「ニュース」をつくらせるのです。みなさんが読んでいるその「ニュース」も、実はCIA制作の「フェイクニュース」である可能性があるのです。

日本で一番よく知られている情報戦といえば、ＧＨＱが日本人に植え付けたウォー・ギルト・インフォメーション・プログラム（ＷＧＩＰ）ですが、そのほかにもＣＩＡは日本に原発を持ち込んだ正力松太郎をコントロールし、読売新聞や日本テレビなどにモノマネ鳥作戦のような作戦をさせていたという情報も出回っています。

アメリカは戦後西ドイツに対しても同じやり方をしています。

私はなぜ日本人がこのようなアメリカのやり方、ＣＩＡによる工作をこんなにも理解していないのか、理解しようとしないのかわかりません。日本がＣＩＡにこんなにも振り回されているというのに。

渡辺　今の自民党には希望がありません。しかし代わりの政党がない。参政党には期待しておりますが。日本保守党は残念ですが、ウクライナ戦争の理解が余りに浅い。

モーガン　そうですね、保守に限らず新党の懸念は内部分裂です。

渡辺　私もかつて応援していた政治家はいたのですが、期待外ればかりでしたよ。

モーガン　私もそうです。米共和党の連中にはがっかりしどおしです。ウィスコンシンの州知事には騙されました。

二〇二〇年の米大統領選挙ではトランプの圧倒的人気ぶりを肌で感じたものですが、

不正選挙によりあのような結果になってしまいました。先ほど、アメリカがキリスト教国だということを日本に来て教わったと言いましたが、もうひとつ教えられたのは、アメリカが真の意味での「民主主義国家（政治家も国民も愚かな衆愚国家）」であるということです（笑）。

トランプ打倒に燃える卑劣な民主党の選挙戦略

渡辺　トランプ打倒のためになりふり構わない民主党が立てた選挙戦略は、中絶問題と移民問題です。前者は特に一〇代、二〇代の関心が高い。トランプは中絶問題に対しては、あくまで「州が決めることだ」と述べ、自身が大統領になったとして中絶禁止の連邦法が議会を通過しても、法案成立に必要な署名をしないと明言しています。

実際、二〇二二年に米連邦最高裁判所で中絶の合憲性を認めた一九七三年の判例を覆す判断を下しましたが、「中絶問題は各州の判断にゆだねる」という決定をしたにすぎません。

それなのに民主党はトランプが中絶に反対し、「女性の権利を奪う」「女性の権利を制限する」というイメージを植え付けようとし、女性票を取り込もうと必死です。

世論調査でも、米国民の六九％が中絶は完全か、部分的には合法であるとすべきとの意見。民主党は中絶問題を争点にするしか選挙で勝てる突破口がありませんから、共和党がその戦術に乗る必要はまったくない。

また、不法移民を民主党が勝利するための起爆剤として利用しようとしている。現在、不法移民の総数は約一五〇〇万人にまでふくれ上がりました。卑劣にも彼らに投票権を付与しようとする動きが活発化しています。要するに民主党は不法移民に身分証明書（ＩＤ）を与え、有権者登録をさせることにより票田にしたいわけです。人道主義でも何でもない。

過去の例をあげるとカリフォルニア州です。一九五八年から八八年（一九六四年を除く）まで、カリフォルニア州はニクソンやレーガンなど共和党の常勝地域でした。それが変わったのは、一九八六年にレーガンが移民制度改革で不法移民を恩赦し、約三〇〇万人に永住権を発行。一方、当時民主党が大勢だった議会に対して不法移民を雇用する側の罰則強化で不法移民流入の問題解決を図ろうとしました。それを民主党が裏切ったため不法移民対策はまったくされず、不法移民がどんどん流入してしまった結果、共和党は勝てなくなったのです。

今でも民主党は共和党が押さえているフロリダ州やテキサス州だけでなくニューヨーク州やイリノイ州、カリフォルニア州にも不法移民を送り込み、恩赦を実施して投票権を与えているわけです。

またカリフォルニア州では九五〇ドルまで万引きが許されていて警察もやる気が出ません。逮捕してもすぐに釈放です。検察は起訴しようともしません。そんな州にまともなアメリカ人は住みたいとは思わない。保守系の州民が州外に避け、ますます民主党色が強くなっているのです。

不法移民の流入に一役買っているのが投資家のジョージ・ソロスです。

モーガン 中絶問題は、私は長年アメリカで、それから日本でも携わっている問題で、中絶問題をデモクラシーにゆだねる政治家（トランプも含む）の臆病が大嫌いです。アメリカでの中絶に関する世論調査は実に複雑で、これは問い方によって答えが大きく変わってくる。私の基本的な考え、というよりおそらく多くの人と共通だと思われますが、人を殺してはいけないと思っています。それは民意を問うような民主主義の問題、世論調査の問題ではなくて、人間としての道徳の基礎です。道徳としての問題であることを政治家にもっとはっきりと語ってもらいたいと考えておりますが、そうじゃない点に、やはりデモクラシーの欠陥があるといわざるをえません。

不法移民も万引きも、いうまでもなく犯罪です。当然、厳しく取り締まってもらいたいものですが、私のように政治家に対し道徳的リーダーシップを求める人はがっかりしどおしですね。

私から見ればジョージ・ソロスは世界で最も酷い〝犯人〟ですが、そのような人間がアメリカの法律制度を左右していると考えると、「法律」の意味がよくわからなくなってしまいます。そもそも、アメリカでは、政治家を買収する者が国を支配するわけです。民主主義などブラックジョークにすぎません。

中央銀行も政府もいらない

渡辺　アメリカが大きな政府になってしまったのは中央銀行ができたことにあります。アメリカには中央銀行に対する強い警戒があり、ずっと中央銀行なしで成長していた。それが一九一三年のクリスマス前にあたふたとＦＲＢ（連邦準備制度理事会）がつくられた。大きな政府への第一歩となりました。しかし難しいのは、核兵器もこの世から消すことは不可能なように、一度つくってしまったものをなかったことにするのは困難だということです。

中央銀行もできてしまった以上は、解体できない。せいぜい役割を制限させる程度です。私はその点で、FRBの管理を極力抑え、市場への貨幣供給量に「人為的介入を避けるべき」というシカゴ学派のミルトン・フリードマンの見解は正しいと思っています。

モーガン　それでも中央銀行システムから離脱するしかない、というのが私の立場です。市場にゆだねるどころか、量的緩和によりアメリカは膨大な負債を抱えていますが、そんなものを国民として支払いたくありません。

私は小さな政府どころか、理想をいえば政府はなくていいというアナキスト的な考えを持っています。

その点、参考になる本があります。ジェームス・スコットの『ゾミア――脱国家の世界史』（みすず書房）です。

この本はアナキスト史なのですが、現在でも、「ゾミア」というアジア7カ国の一部からなるヨーロッパと同じ大きさの山岳地帯に住む異質な集団が、二〇〇〇年もの間、奴隷制、徴兵制、税金、強制労働、伝染病、戦争といった、自分たちを取り巻く組織化された国家社会の計画から逃れてきたことを紹介しています。

どうしてそのようなことができたかという要因として、険しい地形での物理的な分散、移動性を高める農業慣行、柔軟な民族的アイデンティティ、予言的で千年王国的な指導者への献身、国家の間を行き来しながら自分たちの歴史と系譜をつくり直すことを可能にする口承文化の維持などをあげています。

もちろん、同じ条件をアメリカ大陸にそのまま当てはめることはできませんが、汚い政府はいらないというアナーキーな思想がアメリカの伝統の一部にあったことは間違いありません。アメリカ政府は、民主主義という名の下に税金を収奪するギャング組織です。

日本も皇室があれば十分です。今の自民党のような政府ならいらないと思います。

渡辺　私は大きな政府には断固反対ですが、ただ適度な大きさの政府は必要だと考えています。適度な徴税とともに治安維持や海外からの侵略を防ぐ役割を政府が担っているからです。

モーガン　その考えはよくわかるのですが、ただ私はヤクザにそれを任せたくない（笑）。道路などのインフラが必要であれば会社がやればいい、という考え方です。

おそらくアメリカ人は精神的にモンゴル人に近いと思います。常に移動をした生活です。

ペッカ・ハマライネンの『Lakota America：A New History of Indigenous Power（ラコタ族アメリカ：先住民の力の新たな歴史）』を読むと、一六世紀初頭から二〇世紀初頭まで、ラコタ・インディアンがアメリカの歴史を形成するうえで重大な役割を果たしていたことがわかります。

ミズーリ渓谷を支配する川の民だったラコタ族は、次に広大な高平原を支配する馬の民として、西へ拡大していったといいます。この「ラコタ・エンパイア」はモンゴル帝国に似ていたのです。コマンチェ族も同様にモンゴルに近いと思います。それは、私のインディアン的な、理想的な、アメリカ的なアメリカ人としてのアイデンティティです。

しかし今のアメリカはロシア帝国に近い。このような帝国は崩壊させるべきだと思いますし、そうでなくても崩壊します。だから私のような過激なアナキストはその崩壊をどうやって加速させるか、を常々考えています。もっとも日本人にはこのような思想は受け入れられないと思いますが。

渡辺　モーガンさんと私の考えのベクトル方向は同じですが、モーガンさんのほうが過激ですね（笑）。

モーガン　だいぶ過激です（笑）。しかし南部では、私のような人間は多いです！

政府を大きくしないために政治家が官僚を制御

渡辺　私が持っている問題意識は、政府は必要だが政府というのはどうしても大きくなろうとするベクトルを持つ。これをいかに制御するか、にあります。言い方を変えると官僚は必ず税収を増やそうとするし権限を最大化しようとする性質がある。その結果、必ず政府を大きくする。それを制限しコントロールするのが政治家の役割です。ところが今の政治家はバカすぎる。官僚と二人三脚で大きな政府をつくっている。

モーガン　どこの国でもそうですが、政治家は税金泥棒で、ろくな仕事はしない代わりに不正を働く。私からすると、悪い人間が政治家になるのではなく、政治家という職業が人間を悪くする。そのような職業はいらない、という立場です。

戦前の日本には腐敗した政治家に対する浄化作用がありました。悪い政治家を暗殺する人たちがいた。このようなバランスがあるなら政治家がいてもいいと思います。

渡辺　明治の時代がまさにそれですね。明治の元勲たちは、いざとなれば叩き斬られる緊張感のなかで政治を進めていた。ただテロを肯定すると思われては困る。私が高く評価する大久保利通は愚かな暗殺者に殺される無念の死を遂げました。

命を狙われる覚悟を持った政治家の緊張感は今の日本にはありません。

モーガン　日本だけでなくどの国でも必要な緊張感です。

「NIAID（アメリカ国立アレルギー・感染症研究所）」元所長のアンソニー・ファウチのような人間は三〇年前に暗殺されていればよかったと思うほど酷い。

米インターネットメディア「ザ・インターセプト」が、ファウチが中国の武漢研究所に資金援助し、新型コロナウイルスを人工的につくっていたとスクープしました。

渡辺　24年1月にワシントン議会の証人喚問を受けたファウチは「I Don't Recall（覚えていない）」と連発しました。14時間にわたる尋問だったのですが、何もかも覚えていない、と（笑）。

モーガン　ファウチのような医師や少女に性的虐待を行うビル・クリントンのような政治家は、裁判にかけるだけ時間がもったいない。私は時代劇の『座頭市』が好きですが、政治を超えて、あのように悪人を叩き斬る存在が必要だと本気で思っています。

悪いものは悪い。弱い者を守り偉い人に屈しない。それが武士です。かっこいい生き方じゃないですか。

渡辺　黒澤明の『七人の侍』ではありませんが、弱い百姓（弱者）はずるいという側面もあり、難しいですね。とまれ、大きな政府は必ず腐敗する、ということに関しては私とモーガンさんとの一致点ですね。

日本の政府の上にある「政府」

モーガン　日本の問題は、大きな政府があることですが、その上にワシントンというさらに大きなアメリカ政府があってその支配下に置かれている。それが大きな問題です。つまり二重の支配体制の構造です。国内で腐敗した政治家がワシントンでさらに腐敗がレベルアップする。非常に残念です。

渡辺　財政出動の必要性はわかるのですが、そうすると民間企業も腐敗する。そのかじ取りを政治家がしなければならない。私はこれを訴えているのですが、なかなか伝わりません。

また、私は国家にとってGDPを増やすよりも言論の自由を守ることのほうが重要だと考えます。財政出動をして政府が大きくなればなるほど言論統制をしたがる全体主義国家に変貌する。この必然性を、全体主義を嫌悪する保守の人たちがどうしてわからないのか。不思議でなりません。

モーガン　それもアメリカの影響ですね。そういう意味では日本とアメリカと中国は価値観が似てきています。みんな儲かって快適に暮らせればいい。その代償として自由がなくなるのです。ワシントンが戦争を仕掛ける国々では、多くの無罪の人々が殺されます。それでかまわない、という人が大半ではないですか。

渡辺　そうですね、目の前の快適な生活を求めるあまり、言論の自由のない恐ろしさがわからない。私はYouTubeで動画を発信しているのでよくわかるのですが、言論統制が酷い。それはYouTubeに限りません。紙媒体でも検閲ぎりぎりを探りながら書いています。

もうひとつ、政治家の問題として大きなことをあげれば教養が徹底的に欠けていることです。先ほど朝鮮皇帝をたしなめた詩を書いた伊藤博文の逸話を紹介しましたが、明治の元勲は驚くほど教養があった。そのあとの大正教養時代でも教養を重視しました。この点も今の政治家は見習うべきです。政治家は本来は「おバカさん」では務まらない職業なのです。

数学者もレイシスト扱い

モーガン　アメリカの教育は洗脳です。また多様性社会を強調するあまり、異様なことが起きています。これは私の友人の優秀な数学者から聞いた話ですが、彼が務める有名大学の学部から、数学はレイシストだと言われたといいます。すなわち「２＋２＝４」というのは絶対的な考え方で、多様性を否定するものだと。５でもいいじゃないかと（笑）。数学もいろんな見方をしなければ人種差別になると冗談のようなことを真顔で注意された。数学のいくつかの難しい方程式やゼロの存在を発明したのはインド人だと思いますが、白人が黒人を迫害するために数学はつくられたと解釈されているらしい。私の友は数学の天才でしたが、もうやめたいと言っています（笑）。アメリカの大学で長年唱えられてきた「DEI」という大きな闇があります。

DEIとは、「ダイバーシティ（多様性）」「エクイティ（公平性）」「インクルージョン（包括性）」の頭文字からなる略称で、要は〝ポリコレ〟のこと。「白人ばかりが優遇されるのはおかしい。黒人やアジア人など非白人にもチャンスを与えるべきだ」と、アメリカの大学で左翼が猛烈に推進しています。大学以外でも、大手企業の人事や大学入試などでもDEIが幅を利かせ、まるで〝新興宗教〟みたいです。

「被害者」という病

モーガン　また、アメリカの左翼が最も声高に主張しているのが、ジェンダー問題でも、地球温暖化問題でもなく、この「白人＝加害者、黒人（などの非白人）＝被害者」というナラティブ（おとぎ話）です。一部の大学では、白人こそ諸悪の根源である、という教育を全学生にしているほどです。

第三章で取り上げたハーバード大の学長だったゲイも、自分を学長に選んでくれた左翼に媚びを売るため、このナラティブをいろいろなところで唱えていたのです。

それを証明するかのようなエピソードがあります。

貧しい生い立ちからハーバード大学教授まで辿り着いた黒人経済学者のローランド・フライヤーという人物がいます。彼はゲイ氏と同じく「人種差別」を専門分野にして研究していましたが、彼は「黒人＝被害者というのは嘘だ」という主張をしていました。白人左翼が推奨するナラティブを否定したわけです。

また、左翼がいたるところで主張する「白人警察官が無差別に黒人を殺している」という話についても、フライヤー氏は「まったく根拠がなく、明らかな嘘である」と異議を唱えました。黒人の学者が「黒人＝被害者」というナラティブを否定し、しかも「警察官は黒人差別をしていない」となれば、大学の人事を牛耳る左翼のナラティブが否定されてしまう。焦ったゲイ氏は、フライヤー氏にセクハラ疑惑が浮上したのをいいことに、フライヤー氏を容赦なくハーバード大学から追放しました。いわゆる「キャンセルカルチャー」ですが、同じ「黒人」で、同じ「人種差別」を専門にする教授同士の〝キャリア暗殺事件〟でしょう。上から目線で黒人を見下している白人が、黒人を「便利な操り人形」として使う。黒人に「黒人＝被害者」というナラティブを唱えさせる。「操り人形となった黒人」が白人の唱えるナラティブを否定する黒人を追放する実に人種差別に満ち満ちた仕組みが、ゲイ事件の背後にはあるのです。

〝差別の温床〟あるいはイデオロギーを刷り込む妄想の温床になり果てました。

一九八七年に、アメリカの政治哲学者アラン・ブルーム氏が書いた『アメリカン・マインドの終焉――文化と教育の危機』（みすず書房）で指摘されているとおり、アメリカの大学は教育・研究の場ではなく、ニヒリズム（虚無主義）を刷り込む場なのです。

今年一月、私はハーバード大学ロースクールのJ・マーク・ラムザイヤー教授との共著『The Comfort Women Hoax（慰安婦という大きな嘘）』をニューヨークの出版社から刊行しました。これはアメリカの反日左翼学者が唱える「慰安婦＝性奴隷」というナラティブを真っ向から否定する自信作です。

渡辺　LGBT運動はニクソン大統領が弱者救済に政治が積極的に関わるべきだとした「アファーマティブ・アクション（積極的差別撤廃措置）」を法制化したのがはじまりです。

「弱者」とされる少数派や女性に配慮し、大手企業なら黒人、ヒスパニックの雇用割合を義務づけた。基本的にＪＦＫ時代から唱えられ、ニクソンが法制化し、レーガン時代から本格的実施となりました。

たとえば、建国の父たちが奴隷を使役したとか、女性は参政権もなく男の下に従属させられていたなどと教えます。偉人の偉人たる出来事（事件）は取り上げない。

モーガン　もうひとつ過激なことを言わせてください。もし私が大統領になったとしたらどのように改革するか。

まずアメリカの大学を全部空襲します。帰りにハリウッドを空襲し、サンフランシスコも空襲する。こうすれば、だいたいうまくいくと思います（笑）。

渡辺　要するに今のアメリカは政治も大学教育もメディアも狂っているということです。それを前提にして日本は政策を考えなければならない、ということですね。

慰安婦を政治利用するアメリカの歴史学界

モーガン　私が慰安婦問題に興味を持ったきっかけは、二〇一五年に早稲田大学へ留学したとき。当時、アメリカの大学でお馴染みの左翼「学者」が慰安婦問題を利用し、安倍晋三総理（当時）と日本政府を執拗に攻撃していました。

その左翼「学者」連中のレベルの低さを知っていた私は、日本国内で慰安婦問題について研究されている秦郁彦先生や平川祐弘先生、西岡力先生、藤岡信勝先生、山下英次先生などの知識量や文章力に感銘を受け、いかにアメリカ側の「学者」の論理がお粗末で、彼らがいう慰安婦問題にはどれだけ詐欺が多いか、薫陶を受けました。

慰安婦問題で日本を攻撃するアメリカの左翼「学者」といえば、日本叩きで悪名高いコネチカット大学のアレクシス・ダデン教授、英語で書かれた参考文献をもとにアメリカで慰安婦問題についても自著のなかで言及するハーバード大学のアンドルー・ゴードン教授、反日に染まった弟子を世に出し続けるコロンビア大学のキャロル・グラック教授などがあげられます。

まぁ、アメリカの学界に長年身を置いていた私にいわせれば、この連中は「おバカ」です。歴史の事実をきちんと把握しておらず、彼らが主張する慰安婦問題は歴史の事実からかけ離れています。

日本を執拗に責める左翼「学者」たちは、「日本軍は残虐だった」と自分の〝見たい事実〟を見るだけで、さまざまな社会的要因を考えません。当時は貧しく、娘が身売りせざるをえなかった家もありました。

アメリカで慰安婦問題の本質が知られるようになった大きな転換期は、間違いなくラムザイヤー先生が二〇二〇年の終わりに発表した論文「太平洋戦争における性行為契約」です。同論文では、慰安婦が当時、政府の規制下で認められていた国内売春婦の延長線上の存在であり、売春宿と期限付きの契約関係にあったことを理論的、かつ実証的に証明しました。

アメリカの左翼「学者」の慰安婦に関する間違った定説を覆したラムザイヤー先生は、ダデン、ゴードンなどから容赦のないバッシングを受けましたが、そのなかには共産主義者やそのシンパも数多くいたのです。

たとえば、米極左過激集団の「ANTIFA」のようにX（旧ツイッター）のプロフィールに「自分はアンチファシストだ」と自己紹介しているノースカロライナ州立大学のデビッド・アンバラスや、在日本朝鮮人総聯合会（総聯）を研究テーマのひとつに設定し、Xで日本共産党の投稿を必死に拡散しているシンガポール国立大学の茶谷さやか准教授などが反ラムザイヤーの旗を掲げました。

また、ノースウエスタン大学のエイミー・スタンリー教授や、カリフォルニア大学ロサンゼルス校のマイケル・チェ教授といったフェミニストも、慰安婦問題の真実をまったく知らないにもかかわらず、ラムザイヤー先生を攻撃しました。

アメリカの学界、特に歴史学界の歴史観は、日本はドイツやイタリアと同じ独裁国家であり、日本軍は残虐極まりなかったという固定観念にとらわれている。事実を無視し、固定観念に基づいた歴史解釈を施す姿勢は、同じ学者として恥ずかしい限りですよ。よく学者を名乗っていられるなと、怒りさえ覚えます。

アメリカの学界からはまともな学者が追い出され、彼らの設けたポストにはより過激な人がつく。その次はもっと過激な人。そういう悪循環に陥っています。

アメリカにおける慰安婦問題は反日左翼「学者」が牛耳っているので、歴史の真実を知りたければ日本で勉強するしかありません。

私は反日「学者」のふたりにアメリカの学界から追い出されましたが、振り返って考えればそれはラッキーでした。結局のところ、私はアメリカの学界を去り、日本で研究することを決意しましたが、秦郁彦先生の『慰安婦と戦場の性』を英訳する機会にも恵まれ、このたびラムザイヤー先生と共著を出す運びとなったわけですから、私の選択は間違っていませんでした。

渡辺　慰安婦問題で頑張ってくれてきた本物の学者や有志には感謝したいと思います。

慰安婦問題と共産主義者

モーガン　私は最近まで、慰安婦問題という詐欺を推進するエンジンは、世界の左翼「学者」や活動家だと思っていました。しかし本を執筆するにあたり、慰安婦問題を徹底的に調べ上げ、その金脈と人脈を追ってみると、背後には必ずガチガチの〝共産主義者〟がいることがわかったのです。慰安婦問題を強く主張する「学者」や専門家、活動家の多くが、共産主義者、共産党、共産主義シンパの団体、北朝鮮、北朝鮮の工作員など〝猛左翼〟とつながりがあります。

二〇二二年八月、ラムザイヤー先生と早稲田大学の有馬哲夫教授が共著で出した論文「Comfort Women：The North Korean Connection（慰安婦問題と北朝鮮の背景）」を読めば、慰安婦問題に北朝鮮が関わっていることがわかります。

また二三年七月、テレビ愛知が一枚の写真をスクープしました。およそ三〇年前、挺対協（現：正義連）の初代共同代表尹貞玉《ユンジョンオク》と李効再《イヒョジェ》が平壌に行き、独裁者の金日成と記念写真を撮影しているのです。これは慰安婦活動家と北朝鮮がつながっている決定的な証拠でしょう。

そのほかにも有名な一例をあげれば、韓国の尹美香《ユンミヒャン》の家族も北朝鮮と近しい関係にあります。尹は正義連の元代表で、元慰安婦を自称する女性のための寄付金を横領した疑いで起訴されたのち、二〇二三年九月、韓国で有罪判決が言いわたされました。もう「慰安婦ビジネス」といわざるをえませんが、もっと酷いのが尹の家族。尹の夫・金三石《キムサムソク》と彼の妹・金銀周《キムウンジュ》は、北朝鮮のスパイとして韓国で有罪判決を受けている。また金銀周の夫も北朝鮮の工作員と関係を持っていたことがわかっています。尹一家は、北朝鮮の共産主義者とつながり、慰安婦問題を最大限に利用して、北朝鮮の国益向上を図ろうとしたのではないでしょうか。

コネチカット大学のダデンは二〇一七年、慰安婦問題に関するシンポジウムで尹と一緒に登壇しましたが、ダデンは自分が北朝鮮の工作員に利用されているとは気づかなかったようです。

日本国内には、元慰安婦を支援する「希望のたね基金」（通称、キボタネ）と呼ばれる基金がありますが、このキボタネの設立にも北朝鮮が関わっています。事実、キボタネの基金は朝鮮学校も支援対象にしている。またキボタネの代表理事、梁澄子《ヤンチンジャ》は尹と一緒にニコニコと笑顔で舞台に出たこともありますし、梁の子供の宣英理《ソンヨンリ》はNHKのディレクターを務めていますが、慰安婦問題に関する番組制作にも関係していま す。ちなみにキボタネは「正義の日本支部」と呼ばれています。

二〇一五年、朝鮮半島の非武装地帯（DMZ）を徒歩で越える「朝鮮半島女性平和行進」（Women Cross DMZ）という運動が起こり、およそ一〇〇〇人もの女性が軍事境界線を越え、両国を自由に移動するという左翼政治パフォーマンスを披露しました。

しかしこの運動をよく調べてみると、明らかに親北朝鮮の運動だとわかります。韓国系アメリカ人女性で「朝鮮半島女性平和行進」を創立したクリスティアン・アンは、米メディアなどで慰安婦問題について左翼の立場から執筆したり、北朝鮮の肩を持つ記事を書いています。

また「朝鮮半島女性平和行進」の他のメンバーには、同志社大学の秋林こずえ教授（専門はもちろんジェンダー）、サンフランシスコで慰安婦詐欺を声高に叫ぶショーン・キム、ノースイースタン大学などで慰安婦問題について講師として「教育」を施すシモーン・チュンなどがいます。

そして「朝鮮半島女性平和行進」の最も中心的なメンバーのメディア・ベンジャミンというアメリカ人は、純粋な共産主義者です。彼女は一九七九年から八三年まで、フィデル・カストロが圧政を敷いていた共産主義のキューバで暮らし、「カストロが大好き！」「キューバに住めて天国みたい！」と表立って言っていたのです。

しかもベンジャミンが創立した組織「コードピンク」はアメリカ国内の代表的な〝猛左翼〟の組織で、共産主義者や共産党と関連する組織や人物と協力しています。ベンジャミン自身、二〇一五年、「朝鮮半島女性平和行進」の運動のなかで北朝鮮に行き、米メディアなどで北朝鮮の代弁を頻繁に行っています。

二〇一九年に公開された慰安婦ドキュメンタリー映画『主戦場』に出演し、監督のミキ・デザキの指導教授でもある上智大学の中野晃一教授は、日本共産党と非常に近い人物です。日本共産党の機関紙『しんぶん赤旗』のサイトで「中野晃一」と検索してみると、なんと一七五もヒットするほど。日本共産党の志位和夫委員長に「市民連合の政策要請」を届けたり、『しんぶん赤旗』の新春対談で志位と対談したり、国会で志位と懇談したり、日本共産党のインターネット番組「生放送！」に出演したり……明らかに日本共産党の熱心なサポーターです。

世界に広がった反日ネットワークは多岐にわたり、アメリカのど田舎にまで及びます。「アメリカの田舎にくらすフェミ」と自己紹介するモンタナ州立大学の山口智美准教授（言うまでもないですが、彼女の専門分野はジェンダー学）は、日本共産党が発行する月刊誌『前衛』（二〇二〇年二月号）に、「歴史を偽造しているのは誰なのか：あからさまになる日本政府の『歴史戦』：山口智美さん（モンタナ州立大学准教授）に聞く」という記事を寄せています。

ほかにも山口は、日本共産党ジェンダー平等委員会が主催する「ジェンダー連続講座」に出るなど、アメリカのど田舎から日本共産党と結託し、慰安婦プロパガンダ発信を担当しています。

中国共産党も関係しています。

二〇二三年六月、韓国の漢陽《ハニャン》大学校のジョセフ・イ准教授が代表を務める「ヘテロドックス・アカデミー」というグループの東アジア支部が開催した発表会に、ラムザイヤー先生が出席しました。その発表会に出席したのは、ラムザイヤー先生をアグレッシブかつ感情的に攻撃している中国系アメリカ人の唐朱莉（Julie Tang）元サンフランシスコ裁判官です。

唐は二〇一七年、サンフランシスコのチャイナタウンに慰安婦像が設置されたさい、裏で積極的に働きかけをしていた人物。アメリカでは「南京大虐殺」というフェイクニュースをばらまき、さまざまな媒体で中国共産党によるウイグル人のジェノサイドを否定しているほか、中国共産党の機関紙『チャイナデイリー』に出て、台湾問題についても中国共産党と同じような主張をくりかえし、習近平のご機嫌をとっています。

また、二〇二三年九月に亡くなったアメリカのダイアン・ファインスタイン上院議員の事務所に長年勤めていた劉紹漢（Russell Lowe）は、中国共産党が派遣したスパイだったことが判明しています。劉は、唐と同じくサンフランシスコで慰安婦像を設置するための組織に勤めており、二〇一七年一〇月には韓国の左翼新聞『ハンギョレ』でカリフォルニア州の米下院議員マイク・ホンダと慰安婦問題をテーマに対談しています。

ホンダといえば、二〇〇七年にアメリカ下院で「慰安婦決議」を出した仕掛け人です。そんな反日が大好きなホンダを、アメリカ共産党が二〇〇一年と二〇〇二年に報告書を出し絶賛しています。

渡辺　慰安婦プロパガンダにこれほど多くの人物が関わっていることに驚きます。しかし、そうした連中が先に話題にしたエプスタインの少女売春、虐待、乱交などに沈黙している。彼ら彼女らにコメントを求めたい。

核使用を正当化するいかなるロジックも日本は許してはならない

渡辺　アメリカはすごくずるくて悪賢い。原爆使用について自身でも非道であるとわかっていた。だからそれをいかに正当化するかを早い段階から考えていた。特に最初のターゲットとなった広島については、市民の多くが「軍需産業で働いていたから民間人ではない」という強引なロジックを用意した。そして「原爆によって終戦を早めた、だから必要悪であった」という言い訳のロジックが続いた。

また、チャーチルも非道で、トルーマンに対し「日本は真珠湾を警告もなく攻撃し、貴国の若者を殺したではないか」と言って原爆使用を促しました。ポツダム会談での会話です。

しかし原爆投下については核兵器無用のあらゆるロジックを排除して正当化を許してはなりません。「いかなる理由があろうとも原爆は使用してはいけない」と。そうでなければ「正当化の理由さえあれば核兵器は使ってもかまわない」ことになります。

私が今イスラエルに対しものすごく憤っているのは、閣僚のなかにハマスに対し「核を使ってもかまわない」などと発言している人間がいることです。

日本は唯一の被爆国として、「核使用に関して正当化できるいかなるロジックもない」と主張すべきです。またいかなるホロコースト、ジェノサイドも許してはならない。アメリカという国は「日本もバターン死の行進で米軍捕虜を殺した」や、「一〇〇万人の米兵犠牲者を出しかねない日本本土決戦（フォール作戦）を避けるために原爆を落とした」といった後付けのロジックで正当化するのが巧い国であることを肝に銘じておくことです。

馬渕睦夫大使との対談でも話したことですが、捕虜はとらないというのが欧米の文化です。ナポレオンはエジプト遠征で敵国兵士を捕虜にとらず皆殺しにしました。捕虜にしてしまったら、彼らを管理したり食料を分け与えて世話をしなければならない。日本軍が行った殺害せず捕虜にするというのは、本当は人道的なことなのに、それを

「バターン死の行進」という虐待の嘘話にすり替える。日本兵は自身の食料までも分け与えていた。

こうした非道なロジックを武器にする相手には日本人は歴史で武装しなければ、簡単にやられてしまいます。

モーガン　「後付け正当化」がまさにアメリカのアメリカたるゆえんです。自分がやった虐殺を敵のせいにする。ナチスのジェノサイドを非難しますが、自分たちも同じようなことをやっている。それなのにドイツだけを悪人に仕立てて自らは潔白であろうとする。ピューリタンには異常な潔癖さがあるので、注意が必要です。

渡辺　おかげでドイツは日本より酷い状況になってしまっている。タッカー・カールソンとハンガリー首相オルバンの対談でオルバンは「ノルドストリーム2」を破壊されても、ドイツが何も言わないことに呆れていました。NATOの会合でオルバンは、ウクライナを迂回してロシアから欧州へ天然ガスを運ぶパイプライン「サウスストリーム」を攻撃されたら、軍事行動を起こすと明言した。それが正常な態度なのです。

今のドイツは狂っています。もっといえばNATO諸国のほとんどがいかれている。

「無条件降伏」はプロテスタントの発想

モーガン　日本に原爆を落としておきながら、「お前たちが降伏してくれないからだ」と日本のせいにする。そもそも相手にすべての条件を呑ませる「無条件降伏」など本来ありえない要求です。このような「潔癖」な要求を相手国にすることじたい、アメリカという国の特殊性を表しています。「自分たちは一切悪くない＝無条件降伏」なのです。

そのような「潔癖」さは東京裁判にも出ていますし南北戦争での南部に対しての態度もそう。「お前たち南部の連中は黒人を奴隷にした」という。しかし北部の黒人に対する扱いは「奴隷」以上に酷い。

途中で単なる「科学実験」に変わった原爆投下

渡辺　無条件降伏要求というのは、カサブランカ会議後、ルーズベルトがぽろっと口にしてしまったことです。チャーチルはすぐにそれはまずいと思った。無条件降伏要求は無条件の徹底抗戦を生み、まともな停戦交渉をできなくする。それでも結局はカイロ宣言で公式に無条件降伏を要求してしまうのです。

第二次大戦終わり頃ドイツは、反ヒトラーの軍部の一部が、停戦工作を進めていた。ところがアメリカが無条件降伏を突き付けたことで、金縛りになった。無条件降伏要求は、反ヒトラー派にヒトラーを倒しても意味がない、と思わせた。

それと同じことを日本に対してもくりかえした。

ポツダム宣言は皇室を残すと明示しなかった。皇室を残すと明記したうえで、どうしても潰したいのであれば占領後にやればいい。そうすれば、原爆を落とすこともなかったし、日本人の犠牲者をもっと少なくすることができました。

モーガン　日本ではアメリカのずるさがいまひとつ理解されていないと思います。ディープステートの連中はプーチン＝ヒトラー＝絶対悪として捉え、プーチンを殺さなければ正しくないといいますが、このような態度はロシアに交渉の余地はないと、突き付けていることと同じなのです。そのことを理解できない知識人が多すぎます。

それからアメリカのずるさを知るには、皇室に対しＧＨＱが何をしたかを見れば明らかです。

昭和天皇を処刑しなかったのは、占領政策をスムーズに行うために皇室を利用したほうがうまくいくと計算が働いたからにすぎない。そのうえで、この先一〇〇年後には皇室が滅ぶような時限爆弾をしっかりと用意していく。

皇室財産を没収し皇族を離脱させた結果、現在の皇室には、次の世代には悠仁親王殿下おひとりしか男系男子の系統がなく、女性天皇を求める声を意図的に高めている。女系天皇への第一歩です。まさにマッカーサーが思い描いたとおり。これに日本のメディアが加担している。

かたちを残し魂を奪う。これがアメリカのずるいやり方です。

同様に、最近、AIビジネスが日本に来ているでしょう。日本の報道陣や政治家の話を聞くと、アメリカのAIマスターズが日本を認めて、日本人にプレゼントをくれたかのように思うのですが、アメリカのエリートの悪さをまったくわかっていないといわざるをえません。

彼らの狙いは、日本で自分たちに合った法律をつくらせること。つまり、日本のかたちを残したまま、自分たちの都合にピッタリフィットしたルールを構築するのです。

渡辺　皇室の存続をポツダム宣言に明記しなかったのは、日本の降伏を遅らせたかったのです。やはり原爆を落としたかった。このことは亡くなった鳥居民先生が明確に指摘しています。

アメリカのずるさというよりは「醜いアメリカ」ですね。

モーガン　「リメンバーパールハーバー」で始まった戦争は、原爆が完成した時点で、原爆投下という「科学実験」に目的が変わったのです。

だから広島型原爆（ウラン型）と長崎型原爆（プルトニウム型）という二種類の原爆を投下する必要があった。これらの原爆を実際に使用することによって都市と人間にどれくらいの破壊を与えることができるのか、どうしても実験したかったのです。

渡辺　カーチス・ルメイ将軍は原爆を投下する都市を残すために、投下候補都市はあえて爆撃しないようにしていましたからね。京都もターゲットだったから爆撃しなかった。

モーガン　科学実験だからこそ、本当は小倉に落とすはずが変更して長崎に落としたとか、途中でターゲットを変えるようなことができた。常識で考えればこのおかしさがわかろうと思います。

渡辺　私は、ヘンリー・スチムソンは日米戦争を煽った重要人物だから嫌いなんですが、彼が京都への原爆投下に断固反対したという一点だけは評価しました。しかし、やはり彼の評価は難しいですね。

モーガン　日本で流布しているような京都への愛などではなく、古い街並みに原爆を投下しても実験として意味がないと判断しただけのことだと思いますよ。ロマンチックなことなどありません。

渡辺　要するに「京都に落とさなかったのは温情だ」というのも、自分たちを正当化する後付けのロジックのひとつにすぎなかったということなのです。

京都周辺には軍事工場が多かった。だからこそ、投下地選択委員会は京都を第一候補にしていた。投下地も京都駅近くと決めていた。現在の京都鉄道博物館の上空です。不思議なことに日本嫌いのスチムソンが最後まで京都への投下を認めなかった。私は彼の行動を「鬼の涙」と呼んでいます。

経済政策はケインズではなく「オーストリア学派」が正しい

渡辺　日本でもアメリカでもケインズがもてはやされますが、私はフリードリヒ・ハイエクやマレー・ロスバードなど「オーストリア学派」の経済学を支持します。

モーガン　全面的に賛同します。私もロスバードは愛読しています。

渡辺　ロスバードの経済学はケインズ主義者により潰されましたが、正しいと思います。ケインズ主義のような巨額な財政支出を是とする考えは全体主義につながり、マルクス主義に近い。

ロスバードは中央銀行の存在を否定し、過度の信用拡大は必然的に資本資源の誤配分を招き、維持不能なバブル経済の引き金となり最終的には恐慌になるとするハイエクのオーストリア学派の理論を受け継ぎました。通貨は政府が管理するのではなく、自由市場に任せる、という考え方です。

モーガン　ロスバードは、徴税は泥棒だといいましたが、そのとおり（笑）。

渡辺　また、外交分野では、軍事的、政治的、経済的な干渉主義に反対しています。非干渉主義は意図的に言い換えられ「孤立主義」と批判されますが、どこが悪いのか。まったく不明です。むしろ、日本こそネオコンに追随するのではなく、孤立主義に徹するべきです。

アメリカ帝国解体の仕方

モーガン　日本にとって日米同盟は不要となった贅沢品と考えてみたらいかがでしょう。ですから少しずつ換金して手放したらよいのです。そこで、参考になるのがマイケル・クリコフスキの『後期ローマ帝国史I――帝国の勝利：ハドリアヌスからコンスタンティヌスまでのローマ世界』（白水社）と『Imperial Tragedy: From Constantine's Empire to the Destruction of Roman Italy AD 363-568（帝国の悲劇：コンスタンティヌスの帝国からローマ時代のイタリアの滅亡までＡＤ３６３〜５６８）』（未邦訳）の二冊です。

何世紀にもわたって世界最大の帝国だった古代ローマがどのように衰退し解体していったかが書かれており、今のアメリカの状況と酷似していることがわかります。古代ローマは、二世紀頃までには支配地域をさらに拡大して地中海のすべて、そして北アフリカの広い範囲、ヨーロッパ大陸のほとんど、そして中東までと広大な領土を持つ帝国に発展しました。

この帝国の拡大メカニズムは、一言でいうと「残酷さ」です。今の中国にも似ています。

ローマ帝国は、私が若い頃から憧れていた国でした。しかし、実際にそのローマの政府中枢にいた人々や貴族たちのしていたことをよく見ると、アメリカや中国のやっていることに非常に近いと思うようになりました。

嘘や、暗殺などはいうまでもなく、冷酷で残酷な行為を行うのに躊躇はなく、戦闘は常にどこかで起きており、大量虐殺をしたのも一度や二度ではありませんでした。排他的であるという点も、米中にそっくり。外国人は、ローマ法を守り、ローマの習慣を学ぶことが当然と思われていた時代です。

そのローマ帝国が衰退したのは外部からの侵略ではなく、何か大きな一撃を加えられたからでもありません。

宮殿の陰謀、宗教紛争、軍事、社会状況の変化。周囲の国もうまくローマを利用した。たとえば、ローマ帝国とサーサーン朝との間で何回もくりかえされた戦争のなかで、ローマ帝国を利用して自分の立場を強めたサーサーン朝の王子、ホルミズド二世の息子ホルミズドがそうです。

彼は残忍な兄のアードゥルナルセにより、一三年もの間、獄中に監禁されていましたが、妻の手を借りてローマのコンスタンティヌス一世の元に亡命します。やがて、ローマの後ろ盾の下に帰還を果たすのです。

彼のような人と、同じことをした国もたくさん存在しました。また、エプスタインのような人物も出てきます。日本が少しずつワシントンから距離を置き自国の立場を強くするヒントになるはずです。

キリスト教の崩壊が世界の混乱を招いた

渡辺　モーガンさんは私よりアメリカへの絶望の度合いが大きい。私はそれでもアメリカの復活を信じたい。あくまで現実主義の立場から、アメリカと大人の関係を築けたらと思います。アメリカ人一般大衆が目覚めているように思えるからです。

モーガン　トランプが大統領になって一瞬よくなるかもしれませんが、それでもアメリカ帝国の崩壊は止められない。時間の問題です。ナポレオンの帝政フランスのように、常に理念を湧出していかなければならない膨張主義に入ってしまったので、これが終わると今のアメリカは瓦解します。

南北戦争の意味は、普通の国が帝国化したということです。その帝国化したアメリカが今、終わろうとしている。そのときに本当の希望が見えてくるのです。

本来のアメリカは素朴でシンプルな国です。なぜそのような国が世界を支配しているのか、逆に不思議です。ずるがしこい北部の支配が終われば、元の素朴なアメリカに戻るのではないかと思います。

渡辺　アメリカの将来については最後まで意見は一致しませんでしたが、世の中を見る目は同じでした。いずれにせよ、日本がネオコン政権に追従する選択肢だけはないということです。

神道や仏教の価値を認めてくれるモーガンさんは私の一神教徒に対するイメージを変えてくれました。とても刺激的な対談になりました。

モーガン　私はテネシーでプロテスタントの人たちにさんざんいじめられました。自分がされて嫌なことを人にはしない、というまでです。

欧米を支配するアングロサクソンという人種は、元来狂暴で、絶え間ない闘争を好んできた人たちです。私はキリスト教の意義というのは、そのような彼らの狂暴な性質を抑えることにあったとみています。したがって、キリスト教が衰退すれば、おのずとその狂暴性が浮かび上がる。今の欧米の分裂と混乱はそこにあるのです。

あとがき

凄まじい憤りに隠された悲しみ

アメリカに厳しい文章を書き続けてきた私も、モーガンさんの祖国アメリカへの凄まじい怒りにたじろいだ。憤りをストレートに表現することに不慣れな日本人にとって、モーガンさんの思いは耳に刺さる。本書の読者も私と同じように感じたに違いない。

モーガンさんの激しい感情の発露が奈辺から生まれてきたかは、本対談を読了された読者にはよくわかって頂けたと思う。とりわけ私の著作『日米衝突の根源』、『日米衝突の萌芽』あるいは翻訳を担当したハーバート・フーバー著『裏切られた自由』(上下巻)を読まれていた読者にはストンと腑に落ちたはずである。

モーガンさんが私との対談に臨んでくれたのは、私のこれまでのアメリカ史に関する著作を評価してくれていたからである。私も彼のこれまでの主張に頷くことが多かった。二人のアメリカという国の理解が相当程度シンクロしていたのである。

私はアメリカという国の残酷さを歴史家の目で書いてきた。しかし、今回の対談を通じて、宗教家でもあるモーガンさんの視点を加えることができたのは大きな収穫であった。なぜアメリカはこれほどに他者に残酷になれるのかは、その歴史を宗教というプリズムを通しても見なくてはならなかったと気づかされた。

アメリカを理解する上で、南北戦争の解釈は極めて重要である。南北戦争は奴隷解放などが目的でないことはすでに私は繰り返し書いてきたので、ここでは触れない。英国の自由貿易帝国主義の歯車になり、英国の綿紡績工場への原料供給国家に嬉々として甘んじる南部連邦をリンカーンは南北戦争で破壊した。

私は、世界中の国家が英国の強制する自由貿易帝国主義に屈し跪《ひざまず》き、原料供給国家に封じ込められていたことを書いた。その上で、リンカーン政権が英国に果敢に抵抗した事実を評価した。アメリカは徹底した保護貿易主義で工業立国を図った。その結果、二〇世紀初頭には、保護貿易政策は不要になるほどに工業国に発展した。

しかし、北部諸州のヤンキーに「蹂躙」された南部諸州の人々の視点から、あの戦争を解釈すれば、私の解釈は、敗者となった南部の人々の悲しみと怒りに些《いささ》か鈍感だったのかもしれない。確かにあの南北戦争はヤンキーの凶暴性が際立つ戦いだった。南部育ちでかつ先住インディアンのＤＮＡが体に流れるモーガンさんの明確なリンカーン否定をどう解釈すべきだろうか。その問いに些か戸惑っている。

私のように、当時の英国の残虐な国柄を知っているものからすれば、アメリカ合衆国を割らず英国に敢然と対峙したリンカーンを評価すべきではないかと考える。国が割れたら南部連邦は、英国の植民地化していたことは間違いないからだ。

しかし、ヤンキーに潰された南部人にとっては、そんな簡単な解釈ではすまないようだ。モーガンさんは、アメリカが今のような大国になり、アメリカ一極主義で世界に迷惑ばかりかける国になってしまった原因は南北戦争にあると考える。それだけに彼のリンカーン評は厳しい。南部諸州は北部ヤンキーの奴隷になった。彼らのおせっかいな戦争さえなければ、南部諸州は独自の文化を発展させながら、奴隷制も早晩自主的に廃止していたと主張する。

この問題は、外国敵対勢力から国を守るに足る国の大きさと中央集権体制、独自文化の保持、言語の多様化などといったより大きなテーマを考えるヒントになる。

今のアメリカの大きさになることを決定づけた南北戦争は、アメリカという国柄、そしてアメリカ国民気質の基礎を作った。悪の国イギリスに対抗することを錦の御旗として、世界に進出し、アメリカ型「民主主義」を強制する国に変貌した。要するにおせっかいな国にアメリカはなってしまったのである。

おせっかいの片棒を担いだのがピューリタンの系譜を強く引く長老派に代表されるプロテスタント宣教師だった。彼らの仕事の資金を提供したのがロックフェラーを中心とした国際金融資本だった。南京虐殺、慰安婦。ありもしない嘘を垂れ流し続けている似非宗教家プロテスタント宣教師への厳しい批判は、モーガンさんの南部人として味わった苦悩が生む自然な感情の発露なのである。

モーガンさんは、日本に暮らしてアメリカの醜悪な姿を見た。だからこそアメリカの醜さに気づかず、己のポジションと日本版軍産複合体の傘の下で、無邪気に親米を気取る、メディアに登場する日本人「知識人」が許せない。そうした人物を名指して批判する。彼の論争チャレンジに応えようとする「知識人」は今のところいない。彼らはおそらくダンマリを決め込むだろう。

モーガンさんは経済学の専門家ではないが、ハイエクやミーゼスに代表されるオーストリア学派の主張を理解している。大きな政府は必ず悪さをすると訴えたハイエクらの警告通りに、その醜悪な姿をアメリカは今、世界に晒している。

モーガンさんは、そんな祖国アメリカに強く絶望する。しかし私は多くのアメリカ国民が、モーガンさんの悲しみの本質を理解できるようになってきたと楽観的である。アメリカ一極主義外交に邁進する民主党への激しい国民の怒りに私は些かの希望を見るからである。

二〇二四年一一月の大統領選挙戦前にこの対談が実現したことを喜びたい。多くの読者が本書を通じて、アメリカの今の分裂の真の理由を理解するだろう。そして同時に本書は、アメリカのこれからを大きく左右する大統領選挙戦の観察と、その結果を解釈するための良きガイドブックになるに違いない。

2024年向暑

渡辺惣樹

渡辺惣樹　（わたなべ　そうき）

日米近現代史研究家。北米在住。1954年静岡県下田市出身。77年東京大学経済学部卒業。30年にわたり米国・カナダでビジネスに従事。米英史料を広く渉猟し、日本開国以来の日米関係を新たな視点でとらえた著作が高く評価される。著書に『日米衝突の根源 1858-1908』『日米衝突の萌芽 1898-1918』〈第22回山本七平賞奨励賞受賞〉（以上、草思社）、『虚像のロシア革命　後付け理論で繕った唯物史観の正体』（徳間書店）など多数。訳書にハーバート・フーバー『裏切られた自由（上・下）』（草思社）など。

ジェイソン・モーガン

麗澤大学准教授、モラロジー道徳教育財団道徳科学研究所客員研究員。1977年、アメリカ合衆国ルイジアナ州生まれ。テネシー大学チャタヌーガ校で歴史学を専攻後、名古屋外国語大学、名古屋大学大学院、中国昆明市の雲南大学に留学。その後、ハワイ大学の大学院で中国史を専門に研究。フルブライト研究者として早稲田大学法務研究科で研究したのち、ウィスコンシン大学で博士号を取得。一般社団法人日本戦略研究フォーラム研究員を経て、2020年4月より現職。著書に『バチカンの狂気』(ビジネス社)など多数。

覚醒の日米史観
捏造された正義、正当化された殺戮

第1刷　2024年 6 月30日
第4刷　2024年11月30日

著　者／渡辺惣樹
　　　　ジェイソン・モーガン

発行者／小宮英行
発行所／株式会社徳間書店
〒141-8202　東京都品川区上大崎3-1-1 目黒セントラルスクエア
電話　編集 03-5403-4344 ／販売 049-293-5521
振替　00140-0-44392

印刷・製本／大日本印刷株式会社

ISBN978-4-19-865834-2